人工智能通识与应用

主　编　许宏民　张锋利

副主编　张培青　孙　帆　陈晓丹
　　　　占　可　高承灵

参　编　周晓文　王旭辉　邓　果
　　　　周爱灵　卢　佳　彭震东

北京理工大学出版社
BEIJING INSTITUTE OF TECHNOLOGY PRESS

内 容 简 介

本书专为职业院校学生量身定制，以项目式学习为核心，系统构建人工智能通识教育体系，涵盖 AI 技术原理、行业应用、创意实践与伦理思考四大维度。本书共七个模块化项目，包括人工智能常识、开启人工智能创作之旅、应用文心一言办公提效——从工具生成到网页开发、DeepSeek+ 其他平台的创作应用——从基本应用到视频的全流程创作、豆包 AI 应用——从文字到视觉的创意延伸、数字人创作与应用——从建模到虚拟直播、文心智能体——初探 AI 技能的创业实践，旨在带领读者从零基础掌握 AI 工具操作到深度参与跨平台创作，最终探索 AI 创业实践。

图书在版编目（CIP）数据

人工智能通识与应用 / 许宏民，张锋利主编 .

北京：北京理工大学出版社，2025.8.

ISBN 978-7-5763-5782-0

Ⅰ. TP18

中国国家版本馆 CIP 数据核字第 2025GL0658 号

责任编辑: 张荣君　　**文案编辑:** 张荣君

责任校对: 周瑞红　　**责任印制:** 施胜娟

出版发行 / 北京理工大学出版社有限责任公司

社　　址 / 北京市丰台区四合庄路 6 号

邮　　编 / 100070

电　　话 /（010）68914026（教材售后服务热线）

　　　　　（010）63726648（课件资源服务热线）

网　　址 / http://www.bitpress.com.cn

版 印 次 / 2025 年 8 月第 1 版第 1 次印刷

印　　刷 / 定州市新华印刷有限公司

开　　本 / 889 mm × 1194 mm　1/16

印　　张 / 11

字　　数 / 230 千字

定　　价 / 45.00 元

前　言

FOREWORD

在人工智能（Artificial Intelligence，AI）重塑社会生产方式的今天，掌握 AI 工具不再是科技从业者的专属技能，而是新一代劳动者的必备素养。《人工智能通识与应用》正是为回应这一时代需求而生的：它既是一本技术手册，教导读者操作 AI 绘画、智能体开发等实用工具；更是一把认知钥匙，帮助读者理解 AI 伦理、预见产业变革，在人机协作的新常态中占据主动。

本书创新采用"行业场景驱动 + 跨平台协作"的编写思路，将抽象技术拆解为可感知的任务：

从医疗诊断到智慧农业的 AI 应用实例，理解 AI 如何解决真实世界中的问题；

在认识了人工智能和 AIGC（Artificial Intelligence Generated Content，人工智能生成内容）之后，学习了文心一言、DeepSeek、豆包、即梦 AI 等主流 AI 工具的应用，并根据这些工具的优势和特点，设计了一系列的实操任务，适合读者在实操过程中提高对 AIGC 知识的理解，掌握 AIGC 创作技能，实实在在地在学习过程中培养实用的工作能力。

全书突出三大特色：

1. 工具矩阵覆盖全流程

本书整合文心一言、DeepSeek、豆包、即梦 AI 等主流 AI 工具，培养跨工具协作能力，避免"单一工具依赖症"。

2. 本土化案例贯穿始终

本书融入海南环岛骑行、黎锦技艺、东坡文化等地域元素，让技术学习扎根于文化传承与产业创新。例如，从生成一幅国风插画到开发骑行路线规划工具，体验从创意到产品的完整链路；从讨论 AI 抢夺就业机会到设计黎族文化数字人，思考技术与人文的平衡点。

3. 伦理思维融入实践

本书在项目实践过程中适当设置了"AI 伦理"的相关知识环节，引导读者在虚假新闻治理、AI 军事应用等争议话题中形成独立判断。

无论你是学生、转行者，还是对 AI 充满好奇的探索者，本书都将是你踏入 AI 时代的行动指南。翻开它，从完成第一个 AI 生成任务开始，你将逐步成长为能驾驭技术、理解人性、创造价值的"智能 +"人才。

由于编者的水平有限，书中疏漏和不足之处在所难免，恳请广大读者批评指正。

编　者

目录

CONTENTS

项目一　人工智能常识

知识导读

　　人工智能（Artificial Intelligence，AI）作为新一轮科技革命的核心驱动力，正在我国医疗、农业、交通等领域引发深刻变革，重塑着人们的生产和生活方式。我们常看到高度自动化与智能化农业生产、智能医疗应用、智能交通等相关内容报道，会真切感受到：这场变革不是未来预言，而是正在发生的现实。

　　本项目通过五个实践任务，系统性地探索 AI 技术的行业应用与社会影响。任务一以技术描述的形式，引导学生了解 AI 三大核心技术支柱。任务二至任务四分析 AI 在医疗健康、农业智能化、智能交通等多个行业的发展与应用。任务五探讨 AI 技术引发的社会伦理与社会影响。

学习目标

一、知识目标

　　（1）了解 AI 的三大核心技术支柱（机器学习、深度学习、大数据分析）及其典型算法。

　　（2）了解 AI 技术在医疗健康、农业智能化、智能交通等领域的应用场景与技术实现路径。

　　（3）了解 AI 技术引发的隐私风险、算法偏见及就业影响等社会伦理问题。

二、技能目标

　　（1）能够分析不同行业中 AI 技术的落地应用。

　　（2）能够举例说明自动驾驶的法规困境或 AI 伦理争议（如责任认定、数据隐私）。

　　（3）能够对比监督学习与无监督学习在具体场景中的应用差异。

三、素养目标

（1）培养对 AI 技术的学习兴趣。

（2）增强对 AI 技术发展的辩证思维，理解其"双刃剑"效应。

（3）增强对技术伦理与社会责任的认知，如数据隐私保护、算法公平性。

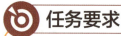

任务一　认识 AI 技术基础

📀 任务要求

（1）了解 AI 核心技术支柱。

（2）了解 AI 典型算法应用。

（3）了解自然语言处理与计算机视觉技术在国内的应用实践。

📀 任务实现

1. AI 核心技术支柱

AI 的核心技术支柱包括机器学习、深度学习和大数据分析，它们共同支撑 AI 系统的训练、优化和实际应用。

（1）机器学习。

机器学习（Machine Learning，ML）是 AI 的基础，其核心思想是通过数据训练模型，使系统能够自动识别模式并进行预测或决策，主要包括监督学习、无监督学习、强化学习等方法。

①监督学习。

监督学习（Supervised Learning，SL）利用带标签的数据训练模型，如决策树（Decision Tree，DT）、支持向量机（Support Vector Machine，SVM）和逻辑回归（Logistic Regression，LR）等算法对数据进行分类或预测。该技术在金融、医疗等领域具有广泛应用。金融领域的智能风控系统通过监督学习算法实现了高效交易风险判定，而医疗领域的疾病筛查系统基于此类技术提升了诊断覆盖率和效率。

②无监督学习。

无监督学习（Unsupervised Learning，UL）从无标签数据中发现隐藏结构，主要方法包括聚类（Clustering）和降维（Reducing Dimensionality）。该技术被广泛应用于用户行为分析和工业制造优化，显著提升了推荐系统的精准度和生产流程的良品率。

③强化学习。

强化学习（Reinforcement Learning，RL）是通过试错和奖励机制优化决策的，在游戏策略和机器人控制领域表现突出。基于强化学习的 AI 系统已在复杂战术决策和仓储自动化管理中展现出超越人类的表现，显著提升了操作效率和成本控制水平。

综上所述，机器学习技术在我国金融科技、智能制造、智慧医疗等领域发挥着重要作用。随着算法优化和计算能力提升，其应用范围持续扩展。国内企业注重将机器学习技术与行业场景深度融合，形成了具有中国特色的 AI 落地路径。

（2）深度学习。

深度学习（Deep Learning，DL）是机器学习的高级形式，基于深度神经网络（Deep Neural Network，DNN）实现复杂模式识别，主要模型包括卷积神经网络、Transformer 和循环神经网络。近年来，我国在深度学习领域取得了显著突破。

①卷积神经网络。

卷积神经网络（Convolutional Neural Network，CNN）擅长处理图像数据，广泛应用于计算机视觉任务，如人脸识别和医学影像分析。基于 CNN 技术的先进医学影像系统已实现高精度病灶检测，并在临床环境中大规模部署。工业视觉检测系统同样采用 CNN 技术，显著提升了制造领域的缺陷识别能力。

②Transformer。

Transformer 是一种基于自注意力机制（Self-Attention）的深度学习模型，推动了自然语言处理技术的革新。国内研发的大规模预训练语言模型在中文理解任务上表现优异，已深入应用于政务、金融及智能客服等领域。多模态大模型进一步拓展了 AI 在复杂场景下的应用能力。

③循环神经网络。

循环神经网络（Recurrent Neural Network，RNN）适用于序列数据处理，在语音识别和时间序列预测中发挥着关键作用。改进的 LSTM（Long Short-Term Memory，长短期记忆网络）显著提升了语音识别系统的准确率和方言兼容性。基于 RNN 架构的预测模型在能源管理等领域实现了高精度的时序数据分析，优化了资源调度效率。

综上所述，深度学习技术持续推动我国 AI 技术的发展，其应用已渗透至医疗、工业、语言处理和能源等多个关键领域。随着模型架构的优化和计算能力的提升，深度学习的实际落地效能将不断增强。

（3）大数据分析。

大数据是 AI 模型的基础支撑，大数据分析（Big Data Analytics）核心环节包括数据采集与存储、数据清洗与特征工程、实时分析与决策等关键流程。当前国内在大数据基础设施建设和应用实践方面已取得显著突破。

在数据采集与存储方面，领先企业已构建 EB 级规模的数据存储平台，能够高效处理日均

PB 级别的海量数据，并为智慧城市建设提供实时视频数据处理能力。在数据清洗与特征工程领域，自动化特征工程技术显著提升了商业预测的准确性，基于智能算法的特征选择方案有效优化了物流配送效率。

实时分析与决策系统已实现每秒数十万次交易的风控评估能力，通过实时用户行为分析技术，智能推荐系统持续提升商业转化效果。这些技术突破推动着我国大数据应用不断向更高效、更智能的方向发展。

2. AI 典型算法应用

（1）监督学习在多个领域展现出强大的应用价值。在图像识别领域，基于深度神经网络的技术已实现工业级精度的缺陷检测能力。在文本处理方面，采用集成学习方法的智能过滤系统显著提升了垃圾信息的识别准确率。

（2）无监督学习在商业分析和金融安全领域发挥着重要作用。改进的聚类算法有效提升了用户群体划分的精确度，而智能异常检测系统在金融交易监控中大幅降低了误判率，增强了风险防控能力。

（3）强化学习在工业和交通领域取得了突破性进展。智能驾驶系统通过强化学习算法实现了复杂道路环境下的高成功率决策，而在制造业中，基于强化学习的机器人控制系统显著提升了生产线的装配效率。这些技术的应用正在推动相关行业向智能化方向快速发展。

3. 自然语言处理与计算机视觉技术在国内的应用实践

自然语言处理（Natural Language Processing，NLP）作为 AI 领域的重要分支，专注于使计算机具备理解、解释和生成人类语言的能力。该领域主要涵盖语义理解、机器翻译、情感分析等核心技术。在智能客服应用方面，基于 NLP 技术的系统已实现较高的问题解决率。机器翻译技术也取得显著突破，能够支持多种语言的实时高精度翻译。

计算机视觉（Computer Vision，CV）技术致力于赋予机器视觉感知能力，通过算法实现对图像 / 视频内容的智能解析。其核心技术包括目标检测、图像分类和三维重建等。在安防领域，先进的人脸识别系统已具备在复杂环境下的高精度识别能力。在医疗健康方面，基于 CV 技术的医学影像分析系统展现出优异的病灶检测性能。

这些技术突破充分体现了我国在 AI 核心技术研发和产业化应用方面取得的重大进展，各领域的技术创新正持续推动数字经济向更高质量方向发展。

任务二　了解 AI 在医疗健康领域的应用

 任务要求

（1）了解 AI 在医疗健康领域的应用场景。

（2）了解 AI 辅助诊断技术。

（3）了解 AI 在个性化治疗中的实践与挑战。

任务实现

1. AI 在医疗健康领域的应用场景

（1）在疾病诊断场景的应用。

AI 在医学影像分析领域取得了突破性进展，通过深度学习算法能够快速准确地识别病灶特征，大幅提升诊断效率和准确性。这些系统整合了计算机视觉、自然语言处理等技术，实现了从影像采集到报告生成的全流程自动化，在多种疾病的辅助诊断中展现出优异性能。

（2）在健康管理场景的应用。

智能健康管理系统通过可穿戴设备和移动应用持续监测用户健康数据，结合 AI 算法提供个性化健康建议。这类系统正在从单纯的监测向预测性健康管理转变，实现了疾病早期预警和干预，在慢性病管理等领域取得了显著成效。

（3）在药物研发场景的应用。

AI 正在重塑传统药物研发流程，通过分子模拟、虚拟筛选等技术大幅缩短研发周期，降低研发成本，特别是在靶点发现、分子设计等关键环节展现出巨大潜力，多个 AI 辅助设计的药物分子已进入临床研究阶段。

2. AI 辅助诊断技术

（1）影像识别技术栈。

影像识别作为计算机视觉的核心领域，其技术栈涵盖从数据采集到模型部署的全流程。算法架构持续演进，从传统 2D 卷积神经网络发展到更先进的 3D Transformer 模型，在多种医学影像分析任务中实现了精准识别。

（2）风险预测模型。

基于大数据的风险预测模型正在改变传统的医疗决策模式，通过整合电子病历、影像数据、基因组学等多维度信息，构建个性化的疾病风险预测体系，显著提升了疾病预警能力和临床决策支持水平。

3. AI 在个性化治疗中的实践与挑战

（1）成功应用。

个性化治疗通过整合患者的临床数据和组学信息，能为每位患者量身定制符合个体的最佳治疗方案。AI 技术在这一领域的应用已取得实质性进展，在肿瘤诊疗等多个专科已有许多实现临床转化的成功案例。

（2）核心挑战。

尽管前景广阔，但是个性化治疗仍面临诸多挑战，如数据共享机制尚未完善、算法可解释性仍需提升、临床接受度有待加强等。这些问题的解决需要医疗机构、科研院所和产业界的协同努力，共同推动技术创新和标准建立。

任务三　了解农业智能化应用

 任务要求

（1）了解 AI 农业系统化集成。

（2）了解农业 AI 应用场景。

（3）了解无人机精准施肥技术。

任务实现

当前，人工智能技术正在深刻改变传统农业生产方式，出现了比较成熟和可行的贯穿全产业链的智能化解决方案。农业 AI 应用已从单点技术突破向系统化集成方向发展。

1. AI 农业系统化集成

首先，AI 农业系统化集成在感知层实现了多源数据融合（包括卫星遥感、无人机和物联网设备等），同时我国自主研发的北斗导航系统也展现出显著的技术优势。

其次，在数据采集层面，AI 农业系统化集成通过整合卫星遥感、无人机及物联网设备等多源数据，并结合我国北斗导航系统的独特技术优势，构建了全面的感知网络。

再次，在决策层算法中，AI 农业系统化集成通过模型持续优化，如深度学习、强化学习等，为农业 AI 应用的技术发展提供了快速迭代提升的条件。

最后，在执行层方面出现了智能装备应用，如农业机器人、自动驾驶农机等。这些技术进步正在推动农业生产向"感知—决策—执行"闭环管理模式演进，为保障粮食安全、提升农业效益提供了新的技术路径。

2. 农业 AI 应用场景

（1）智能种植。

智能种植技术通过物联网设备和 AI 算法的结合，实现了从土壤分析到播种管理的全流程精准化。现代智能种植系统能够根据实时采集的土壤数据、气象信息等，自动调整种植参数，大幅提升农业生产的一致性和可控性。典型技术包括集成土壤墒情传感器的智能播种系统、基于多光谱影像的变量播种技术及采用图像识别的智能育苗系统。这些技术能够实现播种深度动态调节、差异化播种量控制和育苗环境优化等功能。

（2）生长监测。

作物生长监测技术通过"空天地一体化"感知网络，实现了对农田环境的全方位、多维度监测。这些系统能够及时发现作物生长异常，为精准农事管理提供数据支持，有效避免了传统农业"经验主义"带来的资源浪费。关键技术包括融合多源遥感数据的作物长势监测平台、基于计算机视觉的灾害评估系统及实时监测作物蒸腾量的智能传感技术。这些系统能够实现田块级作物长势更新、快速灾害评估和精准灌溉管理。

（3）市场预测。

农产品市场预测系统通过整合产业链各环节数据，构建了从生产端到消费端的智能分析体系。这些系统能够准确把握市场供需变化，帮助农户规避市场风险，实现收益最大化。主要应用包括整合多源市场数据的价格预测模型、基于强化学习的智能补货系统及采用知识图谱技术的供需匹配平台。这些系统能够实现农产品价格趋势预测、库存精准管理和高效交易对接。

当前，我国农业 AI 应用已出现"前端智能装备 + 中台数据分析 + 后端决策服务"的完整技术体系。随着"5G+ 北斗"新基建的完善，农业数字经济规模将持续扩大。下一步需要重点突破小农户应用成本高、农业大模型训练数据不足等瓶颈，真正实现 AI 技术的普惠性应用。

3. 无人机精准施肥技术

现代植保无人机通过"感知—决策—执行"闭环系统实现精准变量施肥，彻底改变了传统粗放式的施肥模式。该系统首先利用多光谱相机获取作物长势数据，然后通过 AI 算法分析生成施肥处方图，最后由飞控系统实时调整播撒参数（如肥料用量、雾滴粒径、飞行速度等）。相较于传统人工或机械均匀施肥，该技术可显著减少肥料浪费，同时提高作物养分吸收效率，降低环境污染风险。

（1）感知层技术。

感知层技术包括搭载多光谱相机的遥感系统，能够精准获取关键长势指标，部分高端机型还配备激光雷达，可结合三维点云数据识别作物株高、密度差异，提升施肥决策精度。

（2）算法层技术。

算法层技术包括支持多种作物的营养诊断模型，基于深度学习分析叶面反射光谱，以及结合土壤墒情数据动态优化施肥方案的智能算法，能够精准判断养分缺失程度并避免过量施肥。

（3）执行层技术。

执行层技术包括可实现雾滴粒径无级调控的智能喷头系统及高精度播撒装置，能够确保肥料均匀覆盖目标区域。

（4）应用效果。

实际应用表明，该技术能够显著提高肥料利用率，减少化肥用量，同时改善作物品质和产量。目前该技术已在多个主要农业产区得到推广应用，在减少化肥浪费和降低碳排放方面取得了显著成效。

随着高光谱成像和农业大模型等新技术的应用，无人机施肥将向更高精度的精准化和全生育期动态调控方向发展。预计该技术将推动化肥利用率持续提升，助力绿色农业转型升级。

任务四　了解智能交通系统中的自动驾驶实践

任务要求

（1）了解自动驾驶关键技术。
（2）了解自动驾驶面临的法规与安全挑战。

任务实现

1. 自动驾驶关键技术

现代自动驾驶系统通过"感知—决策—控制"三大核心技术的协同配合，实现了从环境感知到车辆控制的完整闭环。该系统能够实时处理复杂道路场景，做出精准驾驶决策，大幅提升行车安全性和通行效率。当前，L4级自动驾驶技术已在特定场景实现商业化落地，预计未来几年全球自动驾驶市场规模将持续扩大。

（1）感知技术。

自动驾驶感知系统通过多传感器融合技术，构建了360°无死角的环境感知能力。例如，激光雷达技术，高线数激光雷达能够实现远距离、高精度的环境探测，具备宽水平视场角和高点云数据生成能力，有效提升夜间及复杂场景下的目标识别精度；视觉感知系统，多摄像头组合方案覆盖前视、侧视和后视范围，通过不同焦距镜头的协同工作，实现远距离探测和广角盲区监测，增强对周围环境的全面感知。

（2）决策技术。

自动驾驶决策系统采用分层智能架构，实现了从战略规划到战术执行的全栈决策能力。该系统通过融合高精地图、实时交通信息和车辆状态数据，在复杂道路环境中做出最优驾驶决策。例如，全局路径规划，基于多目标优化算法，综合考虑交通流量、道路等级、能耗效率和行驶舒适性等因素，动态调整行驶策略；实时行为决策，结合车辆动力学模型和环境感知数据，实现自适应跟车、紧急避障、轨迹预测等功能，提升复杂场景下的驾驶安全性和流畅性。

当前，部分高级自动驾驶系统已能在城市道路场景中实现较高水平的自主驾驶能力，包括复杂路口的稳定通过和长距离无接管行驶，标志着自动驾驶技术正逐步迈向成熟应用阶段。

2. 自动驾驶面临的法规与安全挑战

随着自动驾驶技术的快速发展，其在法规体系和安全性方面面临的挑战日益凸显。这些挑战涉及法律责任的界定、技术标准的统一、极端场景应对等多个维度，将直接影响自动驾驶技术的商业化进程和社会接受度。当前全球主要国家正积极推进相关法规建设，但技术迭代速度与法规完善程度之间的差距仍是行业面临的重要课题。

（1）法规挑战。

自动驾驶技术对现行交通法规体系提出了全新要求，主要体现在责任认定体系和国际标准协调两个方面。

①责任认定体系。

自动驾驶事故的责任划分面临"驾驶员—车企—技术供应商"多方主体的复杂界定问题。以2021年德国通过的《自动驾驶法》为例，该法规虽然明确了L4级车辆必须安装车辆事故记录仪（俗称"黑匣子"），但对于系统误判导致的事故，仍未完全解决车企与软件算法供应商之间的责任分担比例问题。在有些国家的自动驾驶事故中，超过30%存在责任主体认定争议。

②国际标准协调。

全球主要市场的技术标准存在显著差异。我国现行标准《汽车驾驶自动化分级》（GB/T 40429—2021）要求自动驾驶系统必须通过14大类、76项特定场景测试，而欧盟的ISO 21448（SOTIF）标准更注重预期功能安全。这种差异导致车企需要针对不同市场进行重复认证，单个车型的合规成本增加约20~30%。日本在2023年修订的《道路运输车辆法》中，虽然放开了L4级无人配送车的道路测试，但要求必须配备远程监控中心，这种"人机共驾"的过渡性规定也反映出法规滞后于技术发展的普遍现状。

（2）安全挑战。

自动驾驶系统面临的安全挑战主要集中在极端环境适应性和伦理决策困境两个方面。

①极端环境适应性。

现有传感器在特殊环境下的性能局限明显。视觉系统在逆光条件下（如隧道出入口）的识别错误率可达15%，激光雷达在暴雨天气的点云噪点会增加3~5倍。同时，对抗性攻击风险持续存在，研究表明特定频率的电磁干扰可使毫米波雷达产生10~20米的测距偏差。

②伦理决策困境。

自动驾驶系统在不可避免事故场景中的决策逻辑引发了广泛争议。欧盟在2024年公布的

《人工智能法案》中要求自动驾驶系统不得基于年龄、性别等特征进行决策，但在技术实现上仍面临巨大挑战。麻省理工学院开展的"道德机器"实验显示，不同文化背景人群对自动驾驶伦理选择存在显著差异，这种主观性与技术客观性之间的矛盾尚未找到有效解决方案。

当前，人们正在努力推动建立全球统一的自动驾驶认证体系，预计未来 3~5 年内，随着车路协同技术的普及和大规模真实道路数据的积累，自动驾驶的法规完善度和安全可靠性将得到显著提升。

任务五　了解 AI 伦理与社会影响

🎯 任务要求

（1）了解 AI 技术造成的隐私泄露风险。

（2）了解算法偏见产生的社会问题。

（3）了解 AI 技术对就业岗位造成的影响。

🎯 任务实现

1. AI 技术造成的隐私泄露风险

随着 AI 技术的深度应用，数据收集与隐私保护的矛盾日益突出。人脸识别、行为分析等技术在提升社会效率的同时，也带来了前所未有的隐私泄露风险。这种风险不仅存在于商业领域，还渗透到公共服务和个人生活的方方面面。

AI 技术应用中的隐私问题主要体现在以下三个方面。首先，人脸识别技术在小区门禁、商场安防等场景的强制应用引发了个人隐私权争议；其次，商业机构无差别采集行人面部信息的行为模糊了公共安全与个人隐私的边界；再次，企业内部数据泄露事件频发，导致用户信息被用于精准诈骗等非法用途。这些案例表明，AI 技术的隐私风险主要源于过度采集、滥用权限和管理缺失，其社会危害包括侵犯个人权利、削弱技术信任。

在物业管理、商业场所和公共服务领域，未经充分授权的生物特征数据采集行为时有发生。企业内部数据管理不善可能导致大规模个人信息泄露，这些泄露数据可能被用于实施精准诈骗等违法活动。个人生物特征数据一旦泄露，其不可更改的特性便会使得风险具有长期性和不可逆性。

频繁发生的隐私侵权事件正在不断侵蚀公众对 AI 技术的信任基础，这种信任危机可能会延缓智慧城市建设和数字政务推广的进程。从更深层次看，无节制的数据收集可能导致"监控资本主义"的兴起，对社会治理和个人自由产生深远影响。

2.算法偏见产生的社会问题

算法偏见在多个领域产生负面影响。例如，在招聘领域的 AI 简历筛选系统中，算法对特定性别和年龄的隐性歧视导致就业机会不平等；在金融服务中，基于地域特征的信用评分差异造成融资歧视；在教育领域，训练数据的城市偏向性导致农村学生获得的服务质量较差。这些偏见源于历史数据偏差和算法设计缺陷，其社会影响包括固化结构性不平等、扩大数字鸿沟和引发群体维权事件等。

算法偏见源于训练数据中的历史偏差和设计者的无意识偏好，这种技术中性表象下的歧视往往更具隐蔽性和破坏性。当 AI 系统被广泛应用于招聘、信贷、司法等关键领域时，算法制度性固化导致算法偏见的风险不可忽略。

在就业市场、金融服务和教育领域，基于算法决策的系统可能无意识地延续历史歧视模式。这些系统可能对特定性别、年龄、地域或社会群体的用户产生不公平对待，导致结构性不平等加剧。这种自动化决策中的偏见问题与现行个人信息保护法规的相关条款存在潜在冲突。

3. AI 技术对就业岗位造成的影响

AI 技术的快速发展正在深刻改变就业市场的格局，呈现出"替代与创造并存"的双重效应。一方面，自动化技术加速了部分传统岗位的消失；另一方面，AI 的广泛应用也催生了新兴职业，并推动劳动力市场向更高技能需求转型。

（1）替代效应对传统岗位的智能化冲击。

在制造业和服务业领域，自动化技术的应用正在改变传统工作模式。工业机器人和智能服务系统正逐步替代重复性强、规则明确的工作岗位，这一转变给低技能劳动者带来了较大就业压力。

（2）创造效应促进新兴职业与技能升级。

AI 技术的应用同时催生了一系列新兴职业，包括数据标注、算法审查、系统训练等专业岗位。这些新兴职业要求从业者具备更高的技术素养和专业知识，推动劳动力市场向高技能方向转型。

（3）短期挑战与长期趋势的社会影响。

短期内，技术变革可能导致部分劳动者面临就业转型的阵痛。长期来看，劳动力市场将逐步向高附加值领域迁移，形成新的人机协作模式。实现这一平稳过渡需要完善职业培训体系，建立终身学习机制，并通过政策引导促进就业结构的优化调整。

📖 项目总结

　　本项目通过五个实践任务，系统学习了人工智能技术在医疗健康、农业智能化、智能交通等领域的创新应用，并深入探讨了 AI 伦理与社会影响。

　　通过本项目的学习，读者能够系统掌握 AI 技术的核心原理与应用场景，理解其对社会伦理与就业市场的深远影响，并具备设计简单 AI 应用方案的能力。

📖 拓展任务

拓展任务 1：讨论 AI 生成虚假新闻存在的危害与应对方法
提示：可以举例开展话题讨论。

拓展任务 2：讨论 AI 是否会抢走人类的工作
提示：进行小组辩论，题为 "AI 会抢走我们的工作吗？"

拓展任务 3：讨论 AI军事的应用及人道主义危机
提示：从技术落地场景、伦理冲突、国际法规维度展开结构化分析。

项目二　开启人工智能创作之旅

欢迎来到 AIGC 的奇妙世界！本项目作为探索这一革命性技术的起点，通过理论与实践相结合的方式，帮助您全面了解 AIGC 的过去、现在与未来。我们将从基础概念出发，逐步深入实际应用，让您不仅能理解 AIGC 的工作原理，更能亲手体验其强大的创作能力。

AI 是计算机科学的重要分支，致力于开发能够模拟、延伸和扩展人类智能的理论、方法、技术及应用系统。

AIGC 是指利用 AI 技术自动或半自动地生成各类数字内容，包括但不限于文本、图像、音频、视频、代码、3D 模型。它是 AI 技术发展到一定阶段的产物，通过机器学习（尤其是深度学习和大语言模型技术）模拟人类的创作过程，实现高效、个性化、多模态的内容生产。

本项目通过六个实践任务，系统探索 AIGC 的核心技术与应用场景，涵盖从基础概念到创意设计的全流程。

任务一：理解 AIGC 的四大核心特点（自动化创作、多模态输出、高效率与规模化、可定制化）及四大核心技术（大语言模型、扩散模型、生成对抗网络、多模态模型），分析其在文本、图像、视频等领域的典型应用。

任务二至任务三：基于文心一言平台，实践 AI 文案生成与产品图设计，掌握结构化提示词设计方法（主体＋动作＋风格＋细节），生成符合品牌调性的"水满乡红茶"介绍文案及产品图。

任务四至任务六：通过即梦 AI 平台，深入学习文生图、图生图技术，优化提示词以控制画面元素（如"小猫钓鱼"场景迭代），并实践 AI 艺术字生成与高质感包装设计（如"岩骨蜜韵"红茶包装），融合 AI 动态渲染与材质表现技术。

📚 学习目标

一、知识目标

（1）理解即梦 AI 的文生图（Text-to-Image）、图生图（Image-to-Image）技术路径。

（2）理解产品包装设计的核心要素（材质渲染、光影效果、文化符号植入）。

（3）理解 AI 生成图像的版权归属与商业使用限制。

二、技能目标

（1）掌握文心一言、即梦 AI 等平台的基本操作。

（2）掌握结构化提示词设计方法（主体 + 动作 + 风格 + 细节）。

（3）能使用文心一言、即梦 AI 等平台生成简单的产品设计图。

三、素养目标

（1）养成"文案→草图→AI 生成→迭代优化"的流程化设计习惯。

（2）理解 AI 设计中的文化敏感性（如避免传统符号误用）。

（3）掌握 AI 生成内容的真实性标注原则（如商业广告中明确 AI 参与度）。

任务一　认识 AIGC

🎯 任务要求

（1）了解 AIGC 的四大核心特点。

（2）掌握 AIGC 的四大核心技术原理及代表性模型。

（3）分析 AIGC 在不同领域的典型应用场景。

（4）对比 AIGC 与传统内容创作的差异，总结其优势与面临的挑战。

🎯 任务实现

1. AIGC 核心特点

（1）自动化创作。

无须人工全程参与，AI 可根据输入的指令（如文字描述、草图等）独立完成内容生成。

例如：输入"写一封商务邮件"，AI 会自动生成格式规范的邮件正文。

（2）多模态输出。

AI 支持跨形式内容生成，如"文生图""图生视频""语音转文字"等。

例如：用 Midjourney 输入"未来城市夜景"，生成高清概念图。

（3）高效率与规模化。

AI 可在几分钟内完成传统需数小时的工作，且能批量生成海量内容。

例如：电商平台用 AI 自动生成千万级流量的商品描述文案。

（4）可定制化。

AI可通过调整提示词（Prompt）、参数或训练数据，控制生成结果的风格、主题等。

例如：让AI生成"鲁迅风格的科幻小说"或"莫奈画风的山水画"。

2. AIGC核心技术

（1）大语言模型。

常见的大语言模型（Large Language Model，LLM）如GPT-4、DeepSeek等，擅长文本生成、翻译、代码编写。

（2）扩散模型。

常见的扩散模型（Diffusion Model，DM）如Stable Diffusion、DALL·E 3等，用于图像/视频生成。

（3）生成对抗网络。

生成对抗网络（Generative Adversarial Network，GAN）是一种早期图像生成技术，现仍用于部分场景。

（4）多模态模型。

多模态模型Sora、Gemini等，可同时处理文本、图像、视频等输入和输出。

3. AIGC应用场景

AIGC已渗透到各行各业，从创意产业到工业生产，从教育、医疗到娱乐社交，正在重塑内容生产与消费的方式。

AIGC的应用有特别出色的优势。

（1）降低创作门槛。

普通人也能快速生成专业级内容。

（2）颠覆行业模式。

如广告行业可实时生成个性化文案，游戏行业自动生成NPC（Non-Player Cnaracter，非玩家角色）对话。

（3）引发伦理争议。

版权归属、虚假信息、职业替代等问题需持续关注。

AIGC不断适应许多场景的应用，正在重塑我们生产与消费内容的方式，成为数字经济的"新生产力工具"。AIGC的典型应用场景见表2-1，传统内容创作与AIGC的对比见表2-2。

表2-1　AIGC的典型应用场景

领域	应用场景示例
文本生成	新闻撰稿、广告文案、小说创作、代码补全（如GitHub Copilot）
图像生成	艺术设计（Midjourney）、产品原型图、医学影像增强
音频生成	AI配音（ElevenLabs）、音乐创作（Suno）、语音克隆
视频生成	短视频制作（Sora）、影视特效、虚拟主播
跨模态应用	根据小说生成漫画（文生图）、根据草图生成网站代码（图生代码）

表 2-2　传统内容创作与 AIGC 的对比

对比维度	传统内容创作	AIGC
创作主体	人类主导	人机协同（人类设计 Prompt，AI 执行）
效率	耗时较长	秒级 / 分钟级生成
成本	人力成本高	边际成本趋近于零
创新性	依赖个人灵感	基于数据模仿 + 组合创新

任务二　应用文心一言介绍"水满乡红茶"

任务要求

通过调用文心一言平台的智能对话功能，生成"水满乡红茶"的产品介绍文案。

（1）访问文心一言官网并创建新对话，输入"介绍水满乡红茶"指令。

（2）获取 AI 生成的产品介绍文案。

任务实现

（1）进入百度搜索"文心一言"，搜到"文心一言"官网，如图 2-1 所示。

图 2-1　搜到"文心一言"官网

（2）登录"文心一言"官网，单击"新对话"按钮，如图2-2所示。

图2-2 单击"新对话"按钮

（3）在对话输入框中，输入以下提示词。

给我介绍一下"水满乡红茶"这个产品。

如图2-3所示。

图2-3 输入提示词

（4）提交后，文心一言会运用AI技术，帮助生成关于"水满乡红茶"产品的详细介绍文案，文案效果如图2-4所示。

图2-4 文案效果

知识链接

文心一言

　　文心一言是新一代知识增强大语言模型，能够与人对话互动、回答问题、协助创作，高效便捷地帮助人们获取信息、知识和灵感。文心一言从数万亿条数据和数千亿条知识中融合学习，得到预训练大模型，在此基础上采用有监督精调、人类反馈强化学习、提示等技术，具备知识增强、检索增强和对话增强的技术优势。

　　文心一言是百度基于深度学习、自然语言处理等前沿技术打造的 AI 创作平台，能够理解复杂的语义信息，根据用户输入自动生成高质量的文章、诗歌、小说等多种形式的文本内容。它具备强大的语义理解能力，可准确理解用户输入意图，包括关键词、语境及情感色彩，从而生成与用户需求高度匹配的内容。

任务三　应用文心一言制作"水满乡红茶"的产品图

任务要求

　　应用"文心一言"生成"水满乡红茶"产品图。

　　（1）应用文心一言的"智慧绘图"功能。

　　（2）选择"文字生图"模式的"商品图"选项。

　　（3）输入以下提示词。

　　请根据以下信息，帮我绘制"水满乡红茶"产品图：

　　"水满乡红茶"是产自海南省五指山市水满乡的特色红茶，以其独特的生长环境、精湛的制作工艺和卓越的品质而闻名，是中国顶级红茶之一。

　　（4）采用"重新生成"功能调整 AI 输出，直至获得满意的产品图。

　　（5）下载最终成品并保存至本地，以备后续使用。

任务实现

　　（1）访问文心一言官网，单击"新对话"按钮，执行"智慧绘图"命令，如图 2-5 所示。

图 2-5 执行"智慧绘图"命令

（2）选择"文字生图"选项，选择"商品图"选项，输入以下提示词。

> 请根据以下信息，帮我绘制"水满乡红茶"产品图：
> "水满乡红茶"是产自海南省五指山市水满乡的特色红茶，以其独特的生长环境、精湛的制作工艺和卓越的品质而闻名，是中国顶级红茶之一。

如图 2-6 所示。

图 2-6 输入提示词

（3）提交提示词后，等待 AI 生成产品图，如图 2-7 所示。

图 2-7 等待 AI 生成产品图

（4）如果对产品图满意，则可以执行"下载"命令，将生成的产品图保存至本地，以备后续使用，如图2-8所示。

图2-8　执行"下载"命令

（5）如果对产品图不满意，则可以执行"重新生成"命令，再生成一次，如图2-9所示。

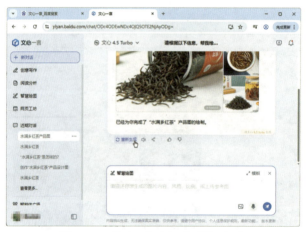

图2-9　执行"重新生成"命令

（6）可以选择"更好"、"更差"或"差不多"选项，以确认是否再执行"重新生成"命令，直至生成一张满意的产品图为止，如图2-10所示。

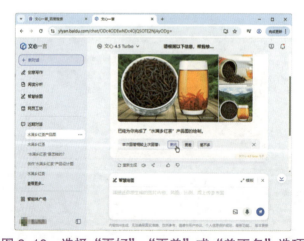

图2-10　选择"更好"、"更差"或"差不多"选项

 知识链接

文心一言的"智慧绘图"功能

文心一言的"智慧绘图"功能是百度 AI 技术的重要应用之一，它基于深度学习算法和大规模图像数据库，能够将用户的自然语言描述转化为高质量的图像。

1. 核心功能

（1）文生图。

用户输入文字描述（如"一只穿着宇航服的企鹅在冰面上跳舞"），AI 即可生成对应图像，同时支持多风格选择（如卡通、写实、水墨等），满足不同场景需求。

（2）智能优化。

AI 可自动调整构图、色彩和细节，确保图像符合逻辑，同时支持迭代优化，方便用户通过追加描述细化需求（如"增加晚霞背景"）。

（3）多模态交互。

AI 可结合语音输入生成图像，或通过上传参考图辅助创作。

2. 使用场景

（1）创意设计。

快速生成海报、插画、游戏角色原画。

（2）商业应用。

电商产品图生成、虚拟试衣间等。

3. 操作示例

（1）基础指令。

输入"绘制一幅未来城市，有飞行汽车和透明穹顶"提示词，AI 生成科幻风格城市全景。

（2）细节控制。

追加"色调以靛蓝和金色为主，增加全息广告牌"提示词，AI 优化色彩与元素。

AI 生成内容的版权归属

1. 人类参与度决定版权归属

若内容由 AI 自主生成（如无人工干预的图像 / 文本），则多数司法管辖区（如美国、欧盟）不承认其版权，因缺乏"人类作者"要件。

若人类用户通过提示词设计、元素筛选或后期编辑参与创作（如调整 AI 生成图像的构图 / 色彩），则用户可能被视为作者，享有版权。

2. 企业使用场景的授权逻辑

企业使用 AI 平台（如 Midjourney、DALL·E3）生成内容时，须遵守平台服务协议。多数协议要求商业使用需要购买企业版授权，否则可能面临侵权风险。

若 AI 训练数据包含未授权内容（如版权图片），则生成内容可能间接侵权。

任务四　应用即梦 AI 尝试作图

🎯 任务要求

（1）登录即梦 AI 官网，进入即梦 AI 网站首页。

（2）进入"智能画布"页面。

在网站首页或功能导航栏，单击"AI 作图"中的"智能画布"按钮。

（3）选择"文生图"模式。

在左侧菜单栏单击"文生图"按钮。

（4）输入描述词生成第一张图片。

在输入框中填写提示词："画一只可爱的小猫，小猫嘴里叼着一条鱼。"

（5）修改描述词生成第二张图片。

修改提示词为："画一只可爱的小猫，小猫在河边钓鱼，鱼已经上钩。"

（6）下载并保存两张生成的图片（小猫叼鱼图、小猫钓鱼图）。

🎯 任务实现

（1）登录即梦 AI 官网，进入即梦 AI 网站首页，如图 2-11 所示。

图 2-11　进入即梦 AI 网站首页

（2）单击"AI作图"中的"智能画布"按钮，如图2-12所示。

图2-12 单击"AI作图"中的"智能画布"按钮

（3）单击左侧菜单栏中的"文生图"按钮，如图2-13所示。

图2-13 单击左侧菜单栏中的"文生图"按钮

（4）输入描述词"画一只可爱的小猫，小猫嘴里叼着一条鱼"，如图2-14所示。

（5）单击"立即生成"按钮，如图2-15所示。

图2-14 输入描述词

图2-15 单击"立即生成"按钮

（6）稍等片刻，可得到一张小猫叼鱼图，如图 2-16 所示。

图 2-16　得到一张小猫叼鱼图

（7）单击 按钮，然后单击"下载"按钮，将小猫叼鱼图下载并保存至本地，如图 2-17 所示。

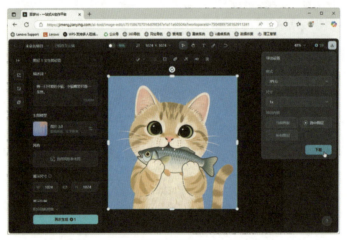

图 2-17　将图片下载并保存至本地

（8）再输入新的描述词"画一只可爱的小猫，小猫在河边钓鱼，鱼已经上钩"，如图 2-18 所示。

图 2-18　再输入新的描述词

（9）单击"再次生成"按钮，稍等片刻，即可得到一张小猫钓鱼图，然后单击"下载"按钮，将图片下载并保存至本地，如图2-19所示。

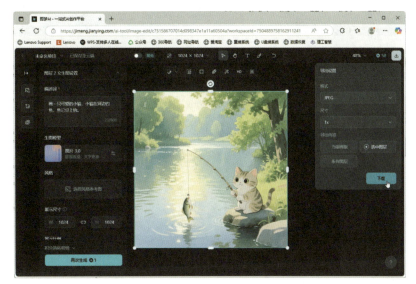

图2-19　将图片下载并保存至本地

（10）通过以上操作，可以得到两张图，如图2-20所示。用户可用类似的方法，创作自己想要的图。

图2-20　用即梦AI创作得到两张图

 **知识链接**

提示词

提示词是用户与AI模型沟通的唯一通道，其质量直接决定生成效果。

1. 提示词的控制应用

用户通过调整提示词可控制：主体、动作、风格、构图、光照、细节精度等。

2. 提示词结构优化

在提示词的应用中，用户要注意避免模糊歧义、细节缺失和冲突指令等典型的问题。提示词典型问题与解决方案见表 2-3。

表 2-3　提示词典型问题与解决方案

问题类型	错误示例	解决方案	原理说明
模糊歧义	"画一只好看的小猫"	"写实风格，一只幼猫躺在沙发上，侧光照射"	增加限定条件
细节缺失	"小兔在工作"	"小兔在菜地里浇水"	补充关键要素
冲突指令	"阳光明媚的午夜草地"	"月光下的草地，还有许多萤火虫"	消除逻辑矛盾

任务五　应用即梦 AI 给图片添加艺术字标题

🎯 任务要求

（1）登录即梦 AI 官网，单击"智能画布"按钮并上传图片。

（2）使用"添加文字"功能，输入自定义文本（如"爱吃鱼的小猫"）。

（3）设置文字颜色、字体，确保文字与图片风格协调。

（4）生成一张带有艺术字效果的图片，使文字与图像自然融合。

🎯 任务实现

（1）进入即梦 AI 网站首页，单击"智能画布"按钮，如图 2-21 所示。

图 2-21　单击"智能画布"按钮

（2）单击"上传图片"按钮，如图 2-22 所示。

（3）打开要上传的图片，如选中"一只叼着鱼的小猫 .jpeg"，单击"打开"按钮，如图 2-23 所示。

图 2-22　执行"上传图片"

图 2-23　打开要上传的图片

（4）单击"添加文字"按钮，如图 2-24 所示。

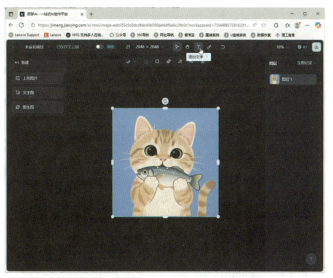

图 2-24　单击"添加文字"按钮

（5）输入文字，如输入"爱吃鱼的小猫"，单击"文字颜色"按钮，选择一种合适的文字颜色，如图 2-25 所示。

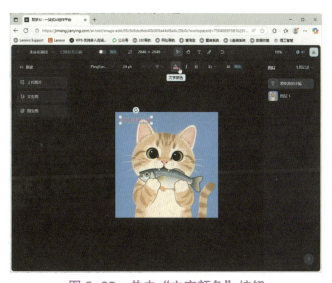

图 2-25　单击"文字颜色"按钮

（6）单击"字体"下拉按钮，在下拉列表中选择"站酷酷黑"选项，如图2-26所示。

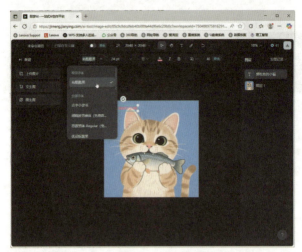

图2-26 选择"站酷酷黑"选项

（7）单击"艺术字生成"按钮，在图上会弹出一行文字提示，单击"立即生成"按钮，如图2-27所示。

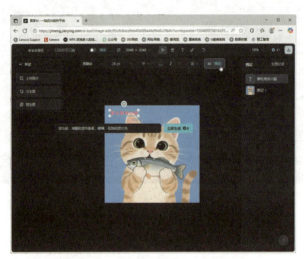

图2-27 单击"立即生成"按钮

（8）待生成完成后，单击"完成编辑"按钮，如图2-28所示。

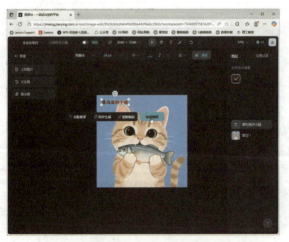

图2-28 单击"完成编辑"按钮

 知识链接

AI 艺术字生成技术原理与应用

在即梦 AI 的"艺术字生成"功能中，系统一般会采用以下关键技术。

1. 文字特征提取

通过卷积神经网络分析输入文字的笔画结构和语义特征。

2. 风格迁移学习

结合用户选择的字体样式和颜色参数，匹配最适合的视觉风格。

3. 场景融合计算

利用注意力机制分析图片内容，智能调整文字的光影、透视等参数。

4. 高质量渲染

最终使用超分辨率技术输出自然融合的文字效果。

智能图片文字排版的核心技术

1. 视觉重心分析

使用 Saliency Detection 算法检测图片的视觉焦点区域，自动避开人脸、主体物体等关键区域，计算最优文字放置位置的热力图。

2. 自适应色彩匹配

提取图片主色调，根据色彩心理学原理推荐对比色，支持动态色彩调整（明度／饱和度自适应）。

3. 多尺度融合检测

分析不同分辨率下的显示效果。

采用边缘保留滤波技术避免文字出现锯齿。

4. 最佳实践

文字区域应占图片面积的 15%~25%。

将重要信息放置在图片上方 1/3 处（遵循三分法则）。

深色背景建议使用 HSL（Hue，Saturation，Lightness，色相、饱和度和明度）（0，0%，90%）以上的亮色文字。

多行文字的行间距建议为字号的 1.2~1.5 倍。

任务六　应用即梦 AI 创作"名优红茶"产品设计图

🎯 任务要求

　　通过即梦 AI 的"产品设计"功能，输入定制化的红茶产品描述文本，生成 4 张符合"岩骨蜜韵"主题的高质感茶叶包装设计图，从中选择一张最喜欢的下载并保存。

　　（1）进入即梦 AI"产品设计"模块。

　　（2）在产品库中浏览并选中一款茶叶产品设计图，单击"做同款"按钮进入 AI 生成界面。

　　（3）删除原有描述，输入新的产品描述文本定制化文案。

　　名优红茶·岩骨蜜韵，每一片茶叶都历经岁月沉淀，蕴藏岩骨花香。包装设计灵感源自丹霞地貌的层叠岩纹，通过 AI 动态渲染技术，将流动的茶汤色泽与风化岩理虚实相生，打造超写实 4D 视觉体验。雕刻的茶枞纹理与实景微距摄影融合，在哑光釉面材质上呈现自然与科技的共生——茶汤醇厚如蜜，回甘似岩韵绵长。名优红茶以数字匠心，复刻千年茶山的灵魂。（延续极简东方美学，突出红茶的深邃层次感，同时强调 AI 生成设计的未来感与真实质感的平衡）

　　（4）等待 AI 自动输出 4 张产品包装设计方案。

　　（5）预览生成的 4 张设计图，从中选择最符合需求的一张，单击"下载"按钮保存高清图像文件（支持 PNG/JPG 格式）。

🎯 任务实现

　　（1）进入即梦 AI 网站首页，单击"产品设计"按钮，如图 2-29 所示。

图 2-29　单击"产品设计"按钮

（2）选中一款茶叶产品设计图，单击"做同款"按钮，如图2-30所示。

图 2-30　单击"做同款"按钮

（3）打开同款的图片生成界面，会看到一段产品描述文本，如图2-31所示。

图 2-31　看到一段产品描述文本

（4）将原有的产品描述文本删除，输入新的产品描述文本。

　　名优红茶·岩骨蜜韵，每一片茶叶都历经岁月沉淀，蕴藏岩骨花香。包装设计灵感源自丹霞地貌的层叠岩纹，通过 AI 动态渲染技术，将流动的茶汤色泽与风化岩理虚实相生，打造超写实 4D 视觉体验。雕刻的茶枞纹理与实景微距摄影融合，在哑光釉面材质上呈现自然与科技的共生——茶汤醇厚如蜜，回甘似岩韵绵长。名优红茶以数字匠心，复刻千年茶山的灵魂。（延续极简东方美学，突出红茶的深邃层次感，同时强调 AI 生成设计的未来感与真实质感的平衡）

产品描述文本输入完成后，单击"立即生成"按钮，如图 2-32 所示。

提示：告诉你一个小秘密，这段对于红茶的专业级描述是用 DeepSeek 写出来的。DeepSeek 是一个怎样的 AI 平台？我们在后续章节中将带领大家去学习 DeepSeek 的应用，让你也成为一个写作高手。

图 2-32 单击"立即生成"按钮

（5）等待即梦 AI 生成产品设计图，会得到 4 张产品设计图，如图 2-33 所示。

图 2-33 得到 4 张产品设计图

（6）单击其中一张产品设计图，即可执行"下载"命令，保存为产品设计图像文件，如图2-34所示。

图2-34 执行"下载"命令

知识链接

即梦 AI 是一个 AIGC 平台。基于"让灵感即刻成片"的使命，即梦 AI 将会为众多设计师及艺术爱好者提供得心应手的创作工具和源源不断的创作灵感。即梦 AI 支持通过自然语言及图片输入，生成高质量的图像及视频；提供智能画布、故事创作模式，以及首尾帧、对口型、运镜控制、速度控制等 AI 编辑能力，并有海量影像灵感及兴趣社区，一站式提供用户创意灵感、流畅工作流、社区交互等资源，为用户的创作提效。

1. 图片生成

在图片生成层面，即梦 AI 支持文生图、图生图及一键做同款功能。用户仅需输入简单提示词，即可生成精彩的图片，还可以对现有图片进行创意改造，自定义保留人物或主体的形象特征，实现背景替换、风格联想、画风保持、姿势保持等操作，满足各种场景的创作需求。通过"做同款"功能，用户将可以选择感兴趣的社区图片作为灵感，复用提示词，生成同款图片。

即梦 AI 的图片生成功能还支持"智能画布"模式，集成 AI 拼图生成能力，可实现多图 AI 融合。其支持本地素材上传，用户可在画布上自由拼接，并进行分图层 AI 生成、AI 扩图、局部重绘、局部消除等，在同一画布上实现多元素的无缝拼接，确保 AI 绘画的创作风格统一和谐。

2. 视频生成

在视频生成层面，即梦 AI 支持 3 种生成模式：输入单图作为首帧，直接生成视频或配合提示词描述生成视频；输入 2 张图片作为首帧和尾帧，直接生成视频或配合提示词描述生成视频；纯文本输入希望生成的视频描述，来进行视频的生成。在此基础之上，即梦 AI 还支持对生成的视频进行一系列 AI 编辑操作，如 AI 对口型功能，最多支持生成时长为 9 秒的对口型视频，用户可以为生成视频中的人物配音并匹配口型，使视频中的角色看起来更加真实、自然；即梦 AI 提供多种音色选择，并且支持用户上传自己的配音。即梦 AI 还具有镜头控制能力，提供镜头放大、镜头推远、镜头旋转、镜头水平移动、镜头上下移动等多种运镜选择；速度控制能力，提供正常、快速、慢速 3 种运动速度控制。

此外，即梦 AI 还为用户提供了"故事创作"模式这一特色能力，支持本地上传、生图、生视频 3 种素材上传功能，可自由拖曳调整素材顺序；支持本地上传音频文件，可上传配音、背景音乐等；支持视频 AI 编辑及草稿编辑。该功能在故事分镜生成方面，支持图生视频、文生视频、文生图、图生图等多种方式创作分镜画面，效果更加可控；还支持镜头高效管理，在时间轨道管理分镜画面，编辑预览故事成片效果。同时，即梦 AI 支持一键导出成片、批量导出素材等多种导出模式。

📖 项目总结

本项目通过实操任务，帮助学生掌握 AIGC 从理论到应用的全链路技术，包括 AIGC 核心技术应用、提示词优化能力和设计伦理与规范。

1. AIGC 核心技术应用

（1）使用文心一言生成品牌文案与产品图，解决传统创作中灵感匮乏与效率不高的问题。

（2）通过即梦 AI 实现多轮图像迭代（如"小猫系列"场景优化）及高质感包装设计（如"岩骨蜜韵"的 4D 视觉效果）。

2. 提示词优化能力

掌握结构化提示词设计方法（如"写实风格＋幼猫＋侧光"），提升 AI 生成内容的可控性。

3. 设计伦理与规范

理解 AI 生成内容的版权归属（如企业需授权使用）及商业标注要求（如 AI 参与设计）。

📖 拓展任务

拓展任务 1：生成更多个性化图像

提示：尝试使用文心一言或即梦 AI，输入不同的描述词（如场景、风格、物体组合），生成更多个性化图像。

参考：月光下的草地，还有许多萤火虫。

拓展任务 2：生成一张有促销标语的产品图片

提示：尝试使用文心一言或即梦 AI，输入不同的描述词，生成一张有促销标语的产品图片。

参考：

（1）用即梦 AI 生成一张国内名优产品（如华为手机）的图片。

（2）添加促销标语（如"买一送一"）。

（3）使用"艺术字生成"功能。

（4）调整文字位置，确保不遮挡产品关键信息。

（5）导出图片。

拓展任务 3：生成含文字和图像的"环保主题"公益广告

提示：尝试使用文心一言的"智慧绘制 / 活动海报"功能，生成含文字和图像的"环保主题"公益广告。

参考：

（1）进入"智慧绘制"模块，选择"活动海报"分类。

（2）输入主题描述词。

主体：地球被绿色植物环绕，清澈海洋中有海豚跃出；

背景：蓝天白云下，风力发电机与太阳能板点缀；

细节：一只手托起地球，象征人类保护；

风格：清新自然风，色彩柔和。

（3）添加文字。

主标题："守护地球，从每一滴水开始"（使用绿色渐变艺术字）。

副标题："减少污染·节约资源·共建生态家园"（白色小字居中置于下方）。

（4）调整布局。

确保文字位于画面上方 1/3 处，不遮挡地球和海洋元素，同时适当降低文字透明度，使其与背景自然融合。

项目三 应用文心一言办公提效——从工具生成到网页开发

知识导读

本项目通过六个实践任务，系统学习基于文心一言的网页开发技术，涵盖实用工具设计与交互功能实现。

任务一至任务三：掌握通过自然语言描述生成网页代码的方法，生成随机抽号工具、秒表工具、倒计时工具等动态网页，学习参数化定制（如范围设置、界面优化）与功能迭代（如计时记录）。

任务四至任务五：利用"网页工坊"模板快速创建数字时钟、拼音小测验等工具，理解模板提示词修改技术，扩展生成多主题交互内容（如英语测验）。

任务六：结合海南环岛骑行场景，实践路线规划工具开发，整合地图 API（Application Programming Interface，应用程序编程接口）与动态数据展示。

本项目旨在通过案例实操，帮助学生掌握自然语言编程的核心技巧，培养 AI 辅助开发的能力，提升网页功能设计与调试效率。

学习目标

一、知识目标

（1）理解文心一言生成网页的基本原理及自然语言编程的核心优势。

（2）掌握 HTML/CSS/JavaScript 代码结构在 AI 生成内容中的对应关系。

（3）熟悉提示词设计的关键要素（如功能描述、界面要求、交互逻辑）。

二、技能目标

（1）能通过文心一言生成随机抽号、秒表、倒计时等工具，并调试代码解决常见问题（如范围限制）。

（2）掌握提示词迭代优化技巧，如升级界面样式、扩展功能。

（3）能利用"网页工坊"模板定制工具（如将拼音小测验修改为英语测验），实现其他工具的快速开发。

三、素养目标

（1）培养"需求分析→生成→验证→优化"的闭环开发思维。

（2）培养通过自然语言精准表达技术需求的能力。

任务一 应用文心一言生成随机抽号工具

任务要求

应用文心一言设计一个网页，使其具备随机抽号功能，允许用户自定义抽号范围，并满足以下要求。

（1）具备随机抽号功能。

（2）默认随机抽取 1~50 的数字。

（3）提供输入框，允许用户设置抽号的最小值和最大值。

（4）网页全屏显示，并设置合适的背景色。

（5）在抽号过程中加入动画效果，增强用户体验。

（6）将生成的网页代码保存为 index1.html，确保编码为 UTF-8。

（7）在浏览器中运行，检查功能是否符合预期。

任务实现

（1）登录文心一言官网，在对话输入框中输入提示词。

设计一个网页，实现功能：

（1）随机抽号（1~50）。

（2）全屏，设背景色。

（3）要有动画。

提示词输入完成后，单击"提交"按钮，如图 3-1 所示。

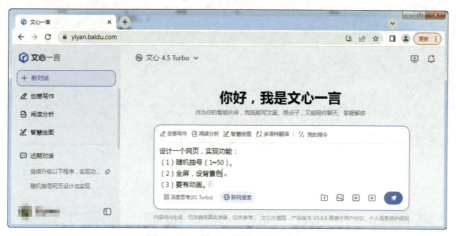

图 3-1 单击"提交"按钮

（2）等待 AI 生成网页代码，单击"复制代码"按钮，复制生成的网页代码，如图 3-2 所示。

图 3-2 复制生成的网页代码

（3）打开记事本，将网页代码粘贴到记事本中，如图 3-3 所示。

```
无标题 - 记事本
文件(F)  编辑(E)  格式(O)  查看(V)  帮助(H)
<!DOCTYPE html>
<html lang="zh-CN">
<head>
    <meta charset="UTF-8">
    <meta name="viewport" content="width=device-width, initial-scale=1.0">
    <title>随机抽号系统</title>
    <style>
        body, html {
            margin: 0;
            padding: 0;
            width: 100%;
            height: 100%;
            overflow: hidden;
            font-family: 'Arial', sans-serif;
            display: flex;
            justify-content: center;
            align-items: center;
            background: linear-gradient(135deg, #ff9a9e 0%, #fad0c4 100%);
            transition: background 1s ease;
        }

        .container {
            text-align: center;
            color: white;
```

图 3-3 将网页代码粘贴到记事本中

（4）保存文件，其中文件名为"index.html"，保存类型为"所有文件（*.*）"，编码为UTF-8，如图 3-4 所示。

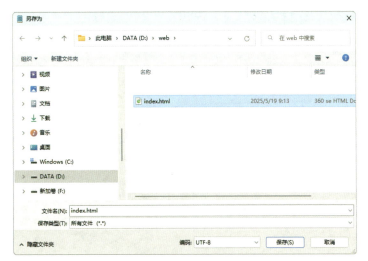

图 3-4　保存文件

> 提示：选择UTF-8 编码，可以解决网页显示乱码的问题。

（5）保存完成后的内容，如图 3-5 所示。

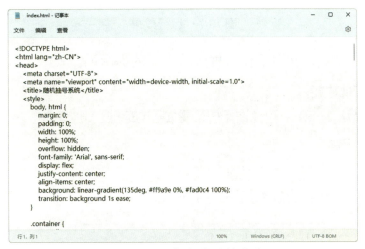

图 3-5　保存完成后的内容

（6）选择用 Google Chrome 打开"index.html"文件，如图 3-6 所示。

图 3-6　用 Google Chrome 打开"index.html"文件

（7）运行效果如图 3-7 所示。

问题：运行发现随机的号码最小为 1，最大为 50，如果号码范围超过 1~50，那么可用什么办法解决？此时，可以用 AI 再生成一个"index.html"文件。

图 3-7　运行效果

（8）返回文心一言主页，在对话输入框中输入新的提示词。

设计一个网页，实现功能：
（1）随机抽号（默认 1~50），可允许用户设置抽号的范围。
（2）全屏，设背景色。
（3）要有动画。

提示词输入完成，提交后的效果如图 3-8 所示。

提示：新的提示词，增加了对网页功能的更高要求，即"可允许用户设置抽号的范围"。

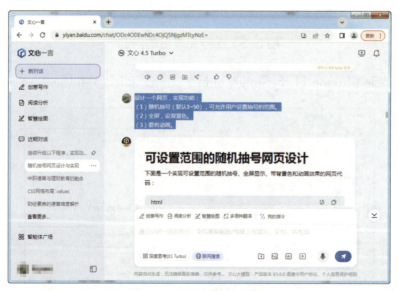

图 3-8　提交后的效果

（9）复制生成的网页代码，并保存为"index1.html"文件，如图 3-9 所示。

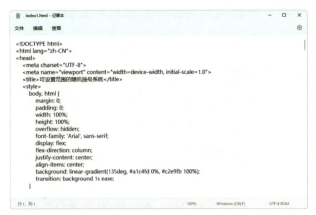

图 3-9 保存为"index1.html"文件

（10）用浏览器打开"index1.html"文件，运行效果如图 3-10 所示。

图 3-10 运行效果

> 提示：index1.html 网页，提供了最小值与最大值输入的功能，但是 AI 生成的效果不一定每次都是一样的。

 知识链接

文心一言网页创作功能

文心一言支持通过自然语言描述直接生成网页代码，涵盖网页布局、交互逻辑及样式设计等核心环节。其核心优势在于将复杂编程逻辑转化为直观的文本交互，显著降低技术门槛，具有多方面的创作优势。

1. 多场景适配

文心一言支持生成随机抽号工具、秒表工具、倒计时工具等实用型网页，同时可创作数字时钟、拼音小测验等互动工具，覆盖工具类、娱乐类、教育类等多种应用场景。

2. 参数化定制

用户可通过输入精确的提示词，自定义网页功能参数（如抽号范围、倒计时时长）、界面样式（如背景色、字体大小）及交互效果（如动画、记录功能），实现个性化开发需求。

3. 动态优化迭代

基于用户反馈，文心一言可快速调整提示词优化代码逻辑，例如更改倒计时工具的字体样式、优化界面布局，确保网页功能与用户体验持续优化。

文心一言应用自然语言编程高效创作网页

网页可以通过 HTML（Hyper Text Markup Language，超文本标记语言）、CSS（Cascading Style Sheets，层叠样式表）和 JavaScript 实现，这三者是编程语言技术，是构建现代网页和 Web 应用程序的三大核心技术，它们各自承担不同的功能，共同协作以实现网页的结构、样式和交互效果。

HTML 是一种标记语言。它包括一系列标签，通过这些标签使网络上的文档格式统一，使分散的互联网资源连接为一个逻辑整体。HTML 文本是由 HTML 命令组成的描述性文本，HTML 命令可以说明文字、图形、动画、声音、表格、链接等。

CCS 是一种用来表现 HTML 或 XML（Extensible Markup Language，可扩展标记语言）等文件样式的计算机语言。CSS 不仅可以静态地修饰网页，还可以配合各种脚本语言动态地对网页中的元素进行格式化。

JavaScript 是一种轻量级、解释型或者即时编译型的编程语言，广泛应用于网页开发中，主要用于增强网页的交互性和动态性。

在文心一言平台中，用户无须掌握编程语言，仅需要通过自然语言描述需求（如"生成全屏倒计时网页，支持自定义时间"），即可获得完整的 HTML/CSS/JavaScript 代码，大幅缩短开发周期。创作者即使不了解 HTML、CSS 和 JavaScript 代码，也可以实现网页功能，进行网页工具创作。

传统网页开发需要数小时的编码工作，文心一言仅需几分钟即可完成从需求描述到代码生成的完整流程，显著降低开发成本。

任务二　应用文心一言生成秒表工具

🔄 任务要求

应用文心一言生成并优化具备计时与记录功能的网页秒表工具，分两个阶段完成开发。

1. 应用第一种提示词。

设计一个网页，实现秒表功能。

尝试生成一个网页秒表工具，将生成的代码保存为 UTF-8 编码的 index2.html 文件，并在浏览器中运行，验证生成的秒表工具的使用效果。

2. 应用第二种提示词。

设计一个网页，实现秒表功能：

（1）增加多次记录的功能。

（2）每次记录标记序号，每次记录都显示在页面上。

尝试生成一个网页秒表工具，将生成的代码保存为 UTF-8 编码的 index22.html 文件，并在浏览器中运行，验证生成的秒表工具的使用效果。

> **提示**：开发过程中可交替使用文心一言进行"代码生成→功能验证→需求补充"的循环开发模式，重点验证计时精度与记录持久化功能的稳定性。

任务实现

（1）登录文心一言官网，在对话输入框中输入提示词。

设计一个网页，实现秒表功能。

提示词输入完成后，单击"提交"按钮，如图 3-11 所示。

图 3-11 单击"提交"按钮

（2）等待 AI 生成网页代码，单击"复制代码"按钮，复制生成的网页代码，如图 3-12 所示。

图 3-12 复制生成的网页代码

（3）打开记事本，将网页代码粘贴到记事本中，如图 3-13 所示。

（4）保存文件，其中文件名为"index2.html"，保存类型为"所有文件（*.*）"，编码为 UTF-8，如图 3-14 所示。

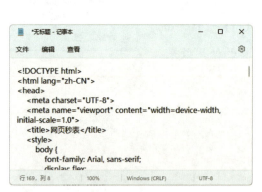

图 3-13　将网页代码粘贴到记事本中　　　　　　图 3-14　保存文件

（5）选择用 Google Chrome 打开"index2.html"文件，如图 3-15 所示。

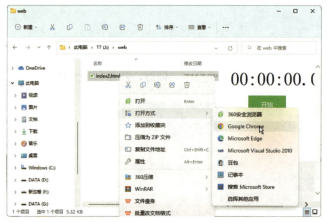

图 3-15　用 Google Chrome 打开"index2.html"文件

（6）网页文件"index2.html"在浏览器中运行，可以应用秒表功能，运行效果如图 3-16 所示。

提示：在使用 index2.html 秒表功能时，如果存在不足，或感觉不满意，那么可以继续使用文心一言进行升级。

图 3-16　运行效果

（7）返回文心一言主页，在对话输入框中输入提示词。

> 设计一个网页，实现秒表功能：
>
> （1）增加多次记录的功能。
>
> （2）每次记录标记序号，每次记录都显示在页面上。

（8）提示词输入完成后，提交生成新的代码，单击"复制代码"按钮，如图 3-17 所示。

图 3-17　单击"复制代码"按钮

（9）将网页代码粘贴到记事本中并保存文件，文件名为"index22.html"，保存类型为"所有文件（*.*）"，编码为 UTF-8，如图 3-18 所示。

（10）用浏览器运行网页文件"index22.html"，可以使用新增加的记录功能，如图 3-19 所示。

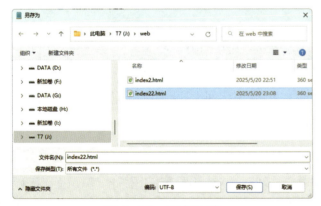

图 3-18　保存文件

图 3-19　用浏览器运行网页文件"index22.html"

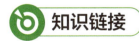

文心一言网页生成应用技巧

在当今数字化飞速发展的时代，网页作为信息展示与交互的重要载体，其生成与功能拓展变得愈发重要。文心一言作为一款强大的语言模型工具，为网页的生成与功能扩展提供了便捷且高效的途径。

在利用文心一言生成基础网页，并通过巧妙的迭代提示词策略来进一步扩展其功能，同时学习如何引导文心一言生成具备特定交互功能的网页的过程中，有很多可以借鉴的实用技巧。

1. 基础网页生成

使用文心一言生成基础网页是开启网页开发之旅的第一步。对于初学者而言，这无须具备深厚的编程知识，只需要掌握一些基本的提示词技巧。

例如，当用户想要创建一个简单的个人简介网页时，可以向文心一言输入以下提示词。

> 请为我生成一个个人简介网页，包含姓名、职业、教育背景和工作经历这几个板块，网页风格简洁大方，以白色为主色调，黑色文字。

文心一言会根据这些提示词，快速生成一个基础的 HTML、CSS 和 JavaScript 代码框架，构建出一个具有基本布局和内容的网页。

在生成过程中，文心一言会充分考虑网页的结构和样式。它会自动规划网页的头部、主体和尾部区域，合理安排各个板块的位置和大小，并运用合适的 CSS 来实现简洁大方的视觉效果。同时，生成的代码会具有良好的可读性和可维护性，方便后续进行功能扩展和修改。

2. 通过迭代提示词扩展功能

基础网页生成后，用户往往希望为其增加更多实用功能，以满足不同的需求。通过迭代提示词的方式，用户可以逐步引导文心一言对网页功能进行扩展。

例如，可以向文心一言输入以下提示词。

> 为我修改以下个人简介网页，保持原有的内容不变，提升网页美工水平或更改一个更美观的布局。

输入完成后，将网页代码全部复制、粘贴到提示词下方，向文心一言提交。

3. 特定交互功能网页生成

除了基础网页的生成与功能的扩展，用户还可以通过提示词引导文心一言生成具有特定交互功能的网页。

以秒表计时与记录功能为例，这是一个在运动、实验等多种场景中都非常实用的功能。

在向文心一言输入提示词时，用户可以详细描述秒表的功能需求。

例如，向文心一言输入以下提示词。

> 请生成一个具有秒表计时功能的网页，包含开始、暂停、继续和重置按钮，能够精确到毫秒，并实时显示计时时间。同时，增加一个记录功能，可以将每次的计时结果保存下来，并在网页上以列表形式展示。

文心一言会根据这些提示词，生成相应的 HTML、CSS 和 JavaScript 代码，实现秒表的计时与记录功能。

在实现过程中，用户需要关注代码的逻辑和用户体验。

例如，确保计时功能的准确性，避免出现时间误差；记录功能要方便用户查看和管理历史记录，可以增加搜索、排序等附加功能。通过不断地与文心一言互动，调整提示词，用户可以逐步优化网页，使其更加完善。

任务三 应用文心一言生成倒计时工具

🔄 任务要求

应用文心一言生成一个具有倒计时功能的网页，具体要求如下。

1. 根据以下提示词实现一个具有倒计时功能的网页。

设计一个网页，实现倒计时功能：

（1）允许用户输入倒数的时间。

（2）倒计时到 0 时，提示时间到。

将生成的网页代码保存为 index3.html。

2. 用以下提示词进行升级。

升级以下代码：

（1）倒计时的数字字体设置更大一些。

（2）优化界面。

（3）计时功能保持不变。

将升级后的代码保存为 index32.html。

3. 在浏览器中运行生成的网页，验证倒计时功能是否正常运行。

🔄 任务实现

（1）登录文心一言官网，在对话输入框中输入提示词。

设计一个网页，实现倒计时功能：

（1）允许用户输入倒数的时间。

（2）倒计时到 0 时，提示时间到。

如图 3-20 所示。

图 3-20 在对话输入框中输入提示词

（2）等待 AI 生成网页代码，单击"复制代码"按钮，复制生成的网页代码，如图 3-21 所示。

图 3-21　复制生成的网页代码

（3）将网页代码粘贴到记事本中，如图 3-22 所示。

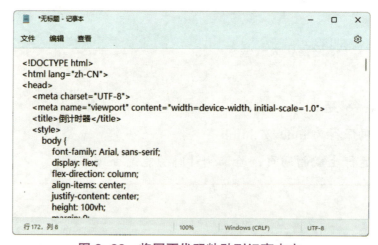

图 3-22　将网页代码粘贴到记事本中

（4）保存文件名为 index3.html，设置保存类型为"所有文件（*.*）"，编码为 UTF-8，如图 3-23 所示。

图 3-23　保存文件名为"index3.html"

（5）选择用 Google Chrome 打开 index3.html 文件，如图 3-24 所示。

图 3-24　用 Google Chrome 打开"index3.html"文件

（6）网页文件"index3.html"在浏览器中运行，可以应用倒计时功能，运行效果如图 3-25 所示。

图 3-25　运行效果

> 提示：在使用 index3.html 倒计时功能时，如果存在不足，或感觉不满意，那么可以继续使用文心一言进行升级。

（7）返回文心一言主页，在对话输入框中输入提示词。

> 升级以下代码：
> （1）倒计时的数字字体设置更大一些。
> （2）优化界面。
> （3）计时功能保持不变。

在提示词后面，将"index3.html"文件的网页代码全部粘贴上，然后再提交，对代码进行升级，如图 3-26 所示。

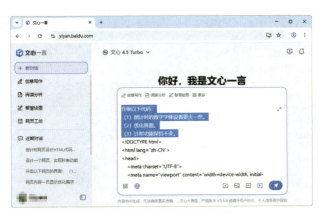

图 3-26　对代码进行升级

（8）升级完成后，将网页代码保存为网页文件"index32.html"，并在浏览器中运行，可以得到一个美工界面更好的倒计时工具，运行效果如图3-27所示。

图3-27　运行效果

知识链接

文心一言应用自然语言编程基础常见操作步骤如下。

1. 需求描述

用户在文心一言输入框中清晰描述网页功能。

例如，向文心一言输入以下提示词。

> 生成全屏倒计时网页，倒计时结束后提示"时间到"。

2. 代码生成

提交提示词后，系统自动生成包含 HTML、CSS 及 JavaScript 的完整代码。

3. 本地部署

用户将代码复制至文本编辑器，保存为 .html 文件后通过浏览器运行，即可预览网页效果。

4. 迭代优化

用户可根据实际效果调整提示词。

例如，向文心一言输入提示词。

> 增大倒计时数字字体。

然后再次提交，让文心一言重新生成代码以优化功能。

任务四　应用文心一言的"网页工坊"生成"数字时钟"网页工具

任务要求

　　应用文心一言平台的"网页工坊"实现"数字时钟"网页工具的创建与运行，具体要求如下。

　　（1）登录文心一言官网，单击"网页工坊"按钮，打开"更多创意\实用工具"选项。

　　（2）在提供的选项中选择"数字时钟"模板，此时对话输入框中会显示一段提示词。

　　（3）可以根据自己的经验和需求，更改提示词的细节，以得到不同样式的数字时钟。

　　（4）单击"提交"按钮，等待系统生成数字时钟的代码。

　　（5）使用浏览器打开下载后的数字时钟网页文件，验证数字时钟是否正常运行。

任务实现

　　（1）登录文心一言官网，单击"网页工坊"选项，在"更多创意"选区单击"实用工具"按钮，如图 3-28 所示。

图 3-28　在"更多创意"选区单击"实用工具"按钮

（2）选择"数字时钟"选项，在对话输入框中会显示一段提示词，然后单击"提交"按钮，如图 3-29 所示。

> 提示：根据自己的经验和需求，可以更改提示词的细节，会得到不同的数字时钟。

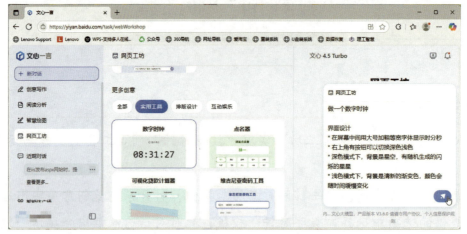

图 3-29　单击"提交"按钮

（3）等待代码生成完成，单击"导出"按钮，如图 3-30 所示。

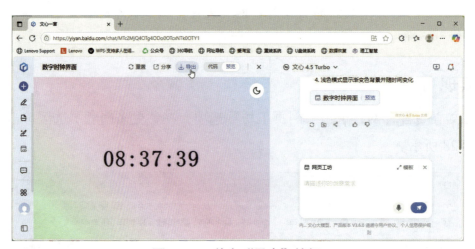

图 3-30　单击"导出"按钮

（4）单击"在文件夹中显示"按钮，打开下载后的文件，如图 3-31 所示。

图 3-31　单击"在文件夹中显示"按钮

（5）将文件复制到自己指定的位置，用Google Chrome打开下载后的文件，如图3-32所示。

图 3-32　用 Google Chrome 打开下载后的文件

（6）"数字时钟"网页工具的运行效果如图3-33所示。

图 3-33　运行效果

文心一言的"网页工坊"

　　文心一言的"网页工坊"提供了一些模板选项，包括点名器、数字时钟、大学生简历、维吉尼亚密码工具、业绩喜报、手工制品展示网页、活动背景板、个人信息卡片、可视化贷款计算器等。

　　选择任意模板选项后，均会向文心一言输入预设的提示词。例如，选择"数字时钟"模板时，得到预设的提示词如下。

做一个数字时钟

界面设计

* 在屏幕中间用大号加粗等宽字体显示时分秒

* 右上角有按钮可以切换深色浅色

* 深色模式下，背景是星空，有随机生成的闪烁的星星

* 浅色模式下，背景是清新的渐变色，颜色会随时间缓慢变化

用户可直接提交，让文心一言生成预设的"数字时钟"网页；也可以修改预设提示词，提出更加详细的要求，再提交，生成一个与模板不同的"数字时钟"网页。

任务五 应用文心一言的"网页工坊"生成"拼音小测验"网页工具

任务要求

应用文心一言平台的"网页工坊"实现"拼音小测验"网页工具的创建与运行，具体要求如下。

（1）登录文心一言官网，单击"网页工坊"按钮，在"更多创意"选区单击"互动娱乐"按钮。

（2）在提供的选项中选择"拼音小测验"模板，用模板提示词生成一个网页。

（3）代码生成完成后，执行"导出"操作，将拼音小测验的网页文件下载到本地。

（4）使用浏览器打开下载后的拼音小测验网页文件，验证拼音小测验的运行情况。

任务实现

（1）登录文心一言官网，单击"网页工坊"按钮，在"更多创意"选区单击"互动娱乐"按钮，选择"拼音小测验"选项，在对话输入框中会显示一段提示词，然后单击"提交"按钮，如图3-34所示。

提示：可以根据自己的经验和需求修改功能需求，例如，可以修改题数，也可以修改题目的内容为其他学科，这样会得到不同内容的拼音小测验。

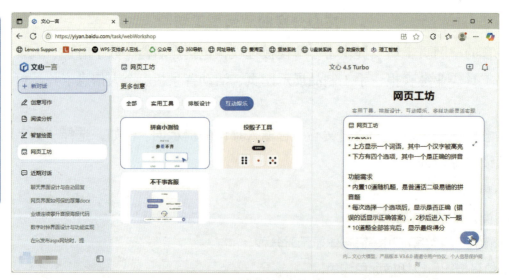

图3-34 单击"提交"按钮

（2）等待代码生成完成，单击"导出"按钮，如图3-35所示。

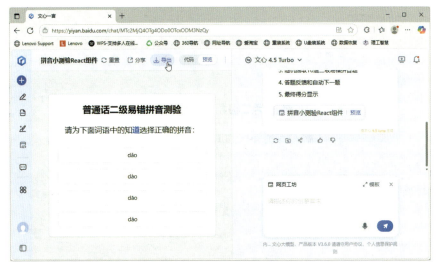

图 3-35　单击"导出"按钮

（3）单击"在文件夹中显示"按钮，打开下载后的文件，如图3-36所示。

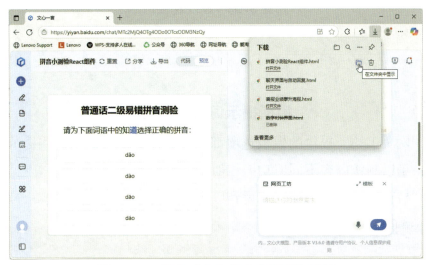

图 3-36　单击"在文件夹中显示"按钮

（4）将文件复制到自己指定的位置，用Google Chrome打开下载后的文件，如图3-37所示。

图 3-37　用 Google Chrome 打开下载后的文件

（5）"拼音小测验"网页工具的运行效果如图 3-38 所示。

图 3-38　运行效果

知识链接

模板提示词修改技能

文心一言的"网页工坊"提供的模板选项都对应一段提示词，用这些提示词作为模板，再进行相应的修改，可以制作内容不同但功能相似的网页工具。

例如，选择"拼音小测验"选项，能得到以下提示词。

做一个拼音小测验

界面设计

* 上方显示一个词语，其中一个汉字被高亮

* 下方有四个选项，其中一个是正确的拼音

功能需求

* 内置 10 道随机题，是普通话二级易错的拼音题

* 每次选择一个选项后，显示是否正确（错误的话显示正确答案），2 秒后进入下一题

* 10 道题全部答完后，显示最终得分

若将内容中的字词换为 ××，即可得到以下提示词。

做一个 ×× 小测验

界面设计

* 上方显示一个 ××，其中一个 ×× 被高亮

* 下方有四个选项，其中一个是正确的

功能需求

* 内置 10 道随机题，是 ×× 易错的题

* 每次选择一个选项后，显示是否正确（错误的话显示正确答案），2 秒后进入下一题

* 10 道题全部答完后，显示最终得分

如果将 ×× 换为其他主题内容的字词，即可得到另一个主题内容的提示词。

例如：将 ×× 套用上英语单词的内容，可得到一段新的提示词。

做一个英语单词小测验

界面设计

* 上方显示一个句子，其中一个词被高亮

* 下方有四个选项（四个单词），其中一个翻译是正确的

功能需求

* 内置 10 道随机题，是小学英语单词易错的题

* 每次选择一个选项后，显示是否正确（错误的话显示正确答案），2 秒后进入下一题

* 10 道题全部答完后，显示最终得分

提交后，能得到一个英语单词小测验网页工具，运行效果如图 3-39 所示。

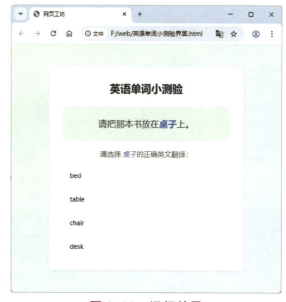

图 3-39　运行效果

AI 生成内容的技术风险与正确验证

关于"网页工坊"生成的"拼音小测验"内容是否正确，建议生成后优先通过"教师 / 家长人工审核 +AI 交叉验证"双重保障，尤其关注高频易错点，再投入教学使用。

1. 技术原理层面

AI 通过分析海量拼音教学数据生成题目，理论上可覆盖声母、韵母、整体认读音节等基础知识点，但可能存在以下风险。

（1）多音字处理偏差（如"长"在"长大"和"长发"中的拼音混淆）。

（2）特殊音节遗漏（如儿化音、轻声标注等进阶内容）。

（3）题型设计单一性（若未在提示词中要求题型多样化，则可能仅生成简单填空题）。

2. 验证与优化方法

（1）人工核验重点：检查声调标注准确性（如"huā"与"huà"）、易混拼音对比（如"z-zh""c-ch"分组练习）。

（2）交叉验证工具：使用教育部官方拼音学习资源或权威词典 App 比对答案。

任务六　应用文心一言的"网页工坊"生成"海南环岛骑行路线规划"网页工具

🎯 任务要求

应用文心一言平台的"网页工坊"生成"海南环岛骑行路线规划"工具，具体要求如下。

（1）使用文心一言平台的"网页工坊"功能。

（2）输入"生成'海南环岛骑行路线规划'工具"提示词，提交平台生成网页。

（3）导出文件及浏览器端功能验证。

🎯 任务实现

（1）登录文心一言官网，单击"网页工坊"按钮，在对话输入框中输入提示词。

生成"海南环岛骑行路线规划"工具

如图3-40所示。

图3-40　在对话输入框中输入提示词

（2）等待"网页工坊"生成网页工具，完成后，单击"导出"按钮，如图3-41所示。

图3-41　单击"导出"按钮

（3）单击"在文件夹中显示"按钮，如图 3-42 所示。

图 3-42　单击"在文件夹中显示"按钮

（4）用浏览器打开网页，查看"海南环岛骑行路线规划"网页工具的运行效果，如图 3-43 所示。

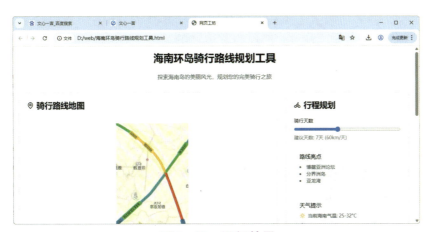

图 3-43　运行效果

 **知识链接**

多维度综合评估 AI 内容的正确性

"网页工坊"虽然能生成路线规划工具，但对于内容的正确性，在使用前需要从路线逻辑合理性、信息准确性验证等维度综合评估。

1. 路线逻辑合理性

（1）核心路段覆盖是否正确，例如，海南环岛经典骑行线路（如东线椰风海韵、中线热带雨林、西线原始渔村）等，是否与实际相符，仍需要实地验证。

（2）注意季节与天气提示等信息，注意警示台风季（6—10 月）风险，应根据实际的天气情况给出建议骑行时间。

2. 信息准确性验证

（1）地理数据的第三方工具核对。

例如，可以使用高德地图或百度地图等工具验证关键点间的距离数据。

（2）检查景点状态。

例如，"莺歌海盐场是否开放"或"分界洲岛轮渡时刻表"等信息，需要进行实地验证。

在经过多方验证后，仍需要提示用户注意潜在误差，如轮渡班次、景区门票价格、单行道、夜间禁行等信息的误差。

📖 项目总结

本项目通过任务实践，帮助学生掌握以下核心技能与知识。

1. AI辅助网页开发

（1）通过自然语言生成随机抽号工具、秒表工具、倒计时工具等动态网页。

（2）利用"网页工坊"模板快速创建数字时钟、测验类应用、骑行路线规划工具等。

2. 功能迭代与优化

（1）通过调整提示词扩展功能（如增加计时与记录、优化界面）。

（2）使用浏览器开发者工具调试代码，解决样式或逻辑问题。

3. 能力提升

（1）能独立完成零代码网页工具开发（如教育类小测验、生活类计时器）。

（2）能结合具体场景设计AI驱动的交互解决方案（如本地化路线规划）。

（3）能评估AI生成代码的可用性与合规性，规避潜在的技术风险。

📖 拓展任务

拓展任务1：生成可记录成绩的数学小测验

任务要求：

（1）利用"网页工坊"模板，修改提示词，生成数学计算题测验（如加减乘除）。

（2）增加成绩记录功能，显示用户答对/答错题数。

（3）保存为 math_quiz.html 并测试功能。

拓展任务2：开发自定义背景色的天气预报工具

任务要求：

（1）通过文心一言生成天气预报网页，允许用户输入城市名称（模拟功能）。

（2）添加背景色切换按钮（至少3种颜色）。

（3）保存为 weather.html。

拓展任务3：优化抽号工具为抽奖系统

任务要求：

（1）使用文心一言设计一个网页，实现随机抽奖功能。

（2）奖项在"奖品列表"显示（如一等奖、二等奖）。

（3）抽号结果需要关联奖品等级。

（4）保存为 lottery.html。

拓展任务 4：使用工具实现黎母山革命故事智能配图

任务要求：

（1）故事解析与关键词提取。

使用文心一言或即梦 AI，在输入框中输入黎母山革命故事文本（如"琼崖纵队黎母山战役"），提取核心元素（如"红军战士""丛林碉堡""黎族群众支援"）。

示例提示词：

> 生成一幅表现 20 世纪 40 年代海南黎母山革命场景的插画，需包含红军、竹笠、山涧木桥、黎族纹身老者。

（2）多风格图像生成。

生成至少 3 种风格的配图。

风格 1：写实历史画（油画质感，突出战争氛围）。

风格 2：扁平化插画（适配儿童革命教育场景）。

风格 3：水墨风格（融合海南黎族图腾元素）。

提示：可以让 AI 多次生成，直到满意为止。

（3）保存为"黎母山革命故事_风格 X.png"等多张结果图片。

拓展任务 5：生成中英版黎锦技艺宣传文案

任务要求：

（1）采用"历史维度 + 工艺维度 + 文化符号"结构化提示词

示例提示词：

> 撰写海南黎锦技艺中文文案，需包含：
> （1）历史维度：强调千年传承，提及汉代起源证据。
> （2）工艺维度：分解纺、染、织、绣四道工序，突出踞腰织机独特性。
> （3）文化符号：解析人形纹、蛙纹的黎族宇宙观内涵。

（2）英文版实现。

> 提示：可以让 AI 多次生成，直到满意为止。

中文文案定稿后，将中文文案提交给 AI，并附提示词："请帮我把以上中文翻译为英文"。

（3）输出与保存形式。

主文档命名和保存形式为"黎锦技艺宣传文案中英对照.docx"。

项目四 DeepSeek+其他平台的创作应用——从基本应用到视频的全流程创作

知识导读

本项目将通过五个实践任务，系统学习基于AI工具（DeepSeek、豆包、度加创作工具等）的跨平台协作与内容创作技能。

任务一至任务三：掌握向AI有效提问的技巧，通过结构化提示词生成高质量文本（如行业报告、小说大纲），并实践AI辅助网页开发（HTML/CSS基础代码生成）。

任务四：学习跨模型协作机制，结合DeepSeek的文本生成与豆包的图像生成，完成植物主题插画创作，理解版权合规性与生物准确性技术警示。

任务五：实践多模态内容创作，通过DeepSeek生成古诗学习视频文案，并使用度加创作工具完成视频剪辑与发布，掌握AI成片、AI缩写等自动化功能。

本项目旨在通过案例实操，培养学生的AI工具链整合能力，提升内容生产效率与创意实现水平。

学习目标

一、知识目标

（1）理解生成式AI（如DeepSeek、豆包）的核心技术原理（NLP、扩散模型、跨模型协作）。

（2）理解AI生成内容的伦理边界（版权合规、生物准确性、伦理风险）。

二、技能目标

（1）掌握AI提问的优化策略（具体化指令、约束条件、结构化表达）。

（2）能组合DeepSeek与豆包生成插画，优化提示词，避免侵权风险。

（3）能使用度加创作工具将AI文案转化为视频，应用AI缩写与智能素材匹配。

（4）能通过 AI 生成基础网页代码（HTML/CSS），并在本地运行调试。

三、素养目标

（1）养成验证 AI 生成内容准确性的习惯（如科学插画需要专家审核）。

（2）培养创新思维，能结合 AI 工具提出创意解决方案（如"AI 生成古诗视频＋动态插画"）。

（3）提高伦理意识，理解 AI 生成内容的版权归属问题，避免直接复制受保护风格。

（4）遵守 AI 生成生物或医学内容的准确性原则，规避误导性信息。

任务一　向 DeepSeek 提问题

任务要求

完成一个简单的交互任务，通过 DeepSeek 平台查询未来可能最需要人才的十种工作，并获取相应的回答。

（1）登录 DeepSeek 官网，找到并单击"开始对话"按钮。

（2）输入问题"未来可能哪十种工作最需要人才？"

（3）提交并获取回答，查看 DeepSeek 平台生成的回答。

任务实现

（1）登录 DeepSeek 官网，单击"开始对话"按钮，如图 4-1 所示。

图 4-1　单击"开始对话"按钮

（2）在对话输入框中输入提示词"未来可能哪十种工作最需要人才？"，如图4-2所示。

图4-2　输入提示词

（3）提交后，DeepSeek 平台会根据用户的提问生成相应的信息，如图4-3所示。

图4-3　生成相应的信息

 知识链接

向 DeepSeek 有效提问的技巧

掌握向 AI 提问的技巧，在具体问题、限定条件和结构化表达等方面的描述做到更方便 AI 理解，以便获得更精准的回答。

1. 清晰、具体、可执行的提问技巧

（1）不要应用模糊提问。

例如："告诉我一些关于 AI 的信息。"

（2）应用有效的具体提问。

例如："请总结深度学习在计算机视觉领域的三大应用，并各举一个例子。"

该提问作为有效提问具有以下特点。

①明确了动作指令，例如"总结""举例"。

②用"计算机视觉领域"实现领域限定。

③用"三大应用"进行数量控制。

④格式暗示可以让 AI 分点列举，强制 AI 生成逻辑清晰、分点明确的回答，从而实现结构化输出。

2. 限定条件、缩小范围的提问技巧

增加约束条件，让 AI 给出更精准的回答。

采用时间范围实现约束：

例如："2020 年至今，自然语言处理有哪些重要突破？"

采用格式要求实现约束：

例如："用表格对比 GPT-4 和 Claude 3 的优缺点。"

采用角色设定实现约束：

例如："假设你是一位资深程序员，如何优化这段 Python 代码？"

3. 结构化表达：分步骤、列要点的技巧

使用编号或分点提问，帮助 AI 理解逻辑技巧。

例如："请分三步解释如何训练一个简单的神经网络。"

4. 提供背景信息的技巧

说明你的需求背景，让 AI 更懂你。

例如："我需要一个适合小学生的 Python 入门教案，零基础，课时 30 分钟。"

低效提问，例如："机器学习怎么学？"

高效提问，例如："我没有 Python 基础，想系统学习机器学习，请推荐一个 3 个月的学习计划，包括理论知识、实践项目和资源链接。"

任务二　借助 DeepSeek 写小说

🅑 任务要求

利用 DeepSeek 平台辅助创作关于人类移民火星的科幻小说的部分内容，生成章节目录、故事大纲及具体章节内容。

（1）在对话输入框中输入提示词。

我计划写一部关于人类移民火星的科幻小说，帮我列十章的目录并构思一份参考的故事大纲。

（2）获取章节目录与大纲。

（3）尝试让平台生成部分章节内容。例如，输入细化提示词：

请根据第一章的大纲，写出第一章的内容：

第一章：赤色地平线 - 初抵火星：新家（阿瑞斯城）的震撼与不适。主角登场，初步矛盾显现。

（4）尝试在 DeepSeek 的帮助下，生成更多章节的内容。

🅑 任务实现

（1）登录 DeepSeek 官网，在对话输入框中输入提示词"我计划写一部关于人类移民火星的科幻小说，帮我列十章的目录并构思一份参考的故事大纲"，如图 4-4 所示。

图 4-4　在对话输入框中输入提示词

（2）提交后，DeepSeek 平台根据用户的提问生成了十章内容的目录及相关信息，如图 4-5 所示。

图 4-5　生成十章内容的目录及相关信息

（3）可以要求 DeepSeek 继续编写每章的内容。例如，输入提示词：

请根据第一章的大纲，写出第一章的内容：

第一章：赤色地平线 - 初抵火星：新家（阿瑞斯城）的震撼与不适。主角登场，初步矛盾显现。

提交后，DeepSeek 根据第一章的大纲，生成一些相关的小说内容，如图 4-6 所示。

图 4-6　生成相关的小说内容

知识链接

　　生成式 AI 在文学创作中的应用主要基于深度学习和自然语言处理（NLP）技术，尤其是大语言模型（LLM）的文本生成能力，主要包括情节生成、人物塑造等核心技术。

1. 情节生成原理

（1）模式学习。

AI 通过分析海量文学作品（小说、剧本等），学习情节结构的常见模式。

（2）概率建模。

AI 基于自回归模型或扩散模型，预测下一个最合理的情节片段，保持逻辑连贯性。

（3）可控生成。

AI 通过提示工程控制情节方向。

例如："生成一个科幻故事开头，包含时间旅行和道德困境，风格接近 ×××。"

2. 人物塑造原理

（1）角色模板提取。

从训练数据中归纳常见人物原型，例如"叛逆英雄""智慧长者"。

（2）属性关联。

建立人物特征（性格、外貌、动机）之间的概率关系。

例如："偏执的天才科学家""孤独""强迫症""细节控"等之间的关联概率高。

例如："偏执的天才科学家""社交达人"之间的关联概率低。

人物塑造还包括对话生成、角色嵌入、记忆机制和对抗训练等。

任务三　应用 DeepSeek 快速创建房地产公司主页

任务要求

应用 DeepSeek 快速生成一个房地产公司的主页，并下载到本地运行以查看效果。

（1）访问 DeepSeek 官网，在对话输入框中输入提示词"设计一个网页，用于房地产公司的主页"。

（2）提交提示词后，让 DeepSeek 自动生成一个完整的网页程序。

（3）将网页下载并保存到本地，用浏览器运行，查看运行效果。

任务实现

（1）登录 DeepSeek 官网，在对话输入框中输入提示词"设计一个网页，用于房地产公司的主页"，如图 4-7 所示。

图 4-7　在对话输入框中输入提示词

（2）提交后，DeepSeek 会生成一个网页程序，单击"下载"按钮，可以将网页下载到本地位置，如图 4-8 所示。

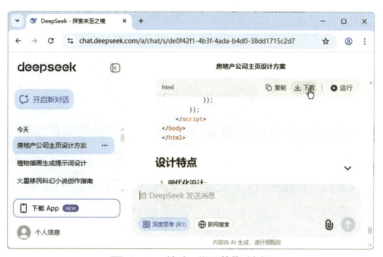

图 4-8　单击"下载"按钮

（3）单击"打开"按钮，在下载列表中打开下载的网页，如图 4-9 所示。

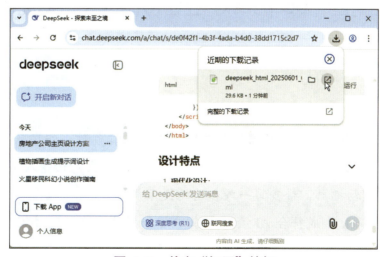

图 4-9　单击"打开"按钮

（4）打开网页，能看到网页的运行效果，一个布局和内容完整的网页就这样出现了，运行效果如图 4-10 所示。

图 4-10　运行效果

AI 驱动的网页生成

通过 DeepSeek 等大模型实现从自然语言描述到完整网页代码的转换，根据提示词输入的描述性文本（如"房地产公司主页"），AI 会理解业务场景、设计元素和功能需求，模型输出 HTML（结构）、CSS（样式）、JavaScript（交互）等内容，最终生成网页。

DeepSeek 生成的代码需要人工进行优化，替换静态占位数据为动态内容，才能形成用户实际应用的图像、文本等内容。

任务四　DeepSeek+ 豆包协作创作植物插画

任务要求

应用 DeepSeek 生成提示词，并通过豆包图像生成工具创作一组植物主题插画。

（1）通过 DeepSeek 生成提示词：登录 DeepSeek 官网，在对话输入框中输入提示词"我要交给豆包建一组植物插画，帮我写一段合适的提示词"。

（2）等待 DeepSeek 生成符合 AI 绘画需求的详细描述文本，形成让豆包创作植物插画的提示词。

（3）打开豆包官网，使用"图像生成"功能，将生成的提示词粘贴到输入框，"提交"给豆包。

（4）等待豆包基于提示词自动生成一组植物插画。

任务实现

（1）登录 DeepSeek 官网，在对话输入框中输入提示词"我要交给豆包建一组植物插画，帮我写一段合适的提示词"，如图 4-11 所示。

图 4-11　在对话输入框中输入提示词

（2）等待内容生成后，单击"复制"按钮，如图 4-12 所示。

图 4-12　单击"复制"按钮

（3）打开豆包官网，单击"图像生成"按钮，将内容粘贴到对话输入框中，如图 4-13 所示。

图 4-13　将内容粘贴到对话输入框中

（4）提交后，豆包会根据提示词生成一组插画，如图 4-14 所示。

图 4-14　豆包根据提示词生成一组插画

 知识链接

跨模型协作机制

跨模型协作机制是指不同 AI 模型通过结构化交互，互补能力短板，共同完成复杂任务的技术框架。

在本任务中，应用 DeepSeek+ 豆包，是一次跨模型协作机制的尝试。DeepSeek 与豆包在本任务跨模型应用中的作用见表 4-1。

表 4-1　DeepSeek 与豆包在本任务跨模型应用中的作用

阶段	DeepSeek 的作用	豆包的作用
输入处理	语义解析 + 需求拆解	接收结构化提示词
内容生成	添加艺术风格 / 构图等元数据	执行潜在扩散生成
输出优化	建议负面提示词（如"避免模糊"）	应用超分辨率增强

AI 创作插画的技术警示

通过 DeepSeek 与豆包的协同，原本需要专业插画师 1~2 天才能完成的工作，可在 3 分钟内完成，提高了工作效率，但用户应注意在版权合规性、生物准确性和伦理边界等方面的技术警示。

（1）版权合规性：尊重原创，规避侵权风险。

AI 模型在训练过程中学习了海量现有艺术作品和图像数据，其生成结果可能无意或有意地高度模仿特定艺术家受版权保护的独特风格、构图或标志性元素，或直接复现受版权保护的特定图像片段。

用户在进行 AI 创作时，应严格避免有意模仿或直接生成与受版权保护的知名艺术风格、艺术家作品高度相似的内容。尤其是在商业用途中，这极可能构成侵权。务必明确区分"灵感启发"与"风格复制"。

（2）生物准确性：科学严谨不容妥协。

AI 模型基于统计模式生成图像，缺乏对现实世界生物结构、解剖细节、生态环境的深刻理解，在生成涉及动植物、微生物、人体解剖等内容的科学或教育类插图（如教科书配图、科普插图、医学示意图）时，极可能出现细节错误、比例失调、违反自然规律或虚构不存在的特征的情况。

所有用于科学传播、教育出版或专业领域的生物、医学类 AI 生成插图，必须经过相关领域专家或专业插画师的严格人工校验与修正，绝不能直接依赖 AI 的原始输出。准确性是此类应用的生命线，错误信息可能造成严重后果。

（3）伦理边界：警惕滥用，严守法律与道德底线。

AI 强大的图像生成能力可能被滥用，生成具有误导性的、有害的或违反伦理道德的内容，在涉及敏感议题时尤其危险。

在生成与濒危野生动植物物种相关的图像时，必须极度谨慎考虑其应用场景。绝对禁止生成可能被用于非法野生动物贸易宣传（如描绘濒危物种制品的精美图像）、助长盗猎行为或误导公众对物种保护状态认知的图像。

应严格遵守国内外关于濒危物种保护及生物安全的相关法律法规。生成此类图像前，必须清晰界定其合法的、合乎伦理的使用目的（如保护教育、科学研究报告），并评估其潜在的误用风险。

这种警示也延伸至避免生成涉及虚假信息（深度伪造）、仇恨言论、侵犯隐私、宣扬暴力、违反公序良俗等内容的图像。使用者负有不可推卸的伦理审查责任。

任务五　DeepSeek+ 度加创作工具生成古诗学习视频

任务要求

应用 DeepSeek 和度加创作工具，生成一段适用于古诗学习的视频，内容为唐代诗人王之涣的《登鹳雀楼》。

（1）生成视频文案：由 DeepSeek 生成《登鹳雀楼》的视频学习文案。

（2）复制 DeepSeek 生成的文案内容到度加创作工具进行视频创作。

（3）启动"度加创作工具"，执行"AI 成片"，应用"AI 缩写"优化文案。

（4）用优化后的文案，交给度加创作工具生成完整的古诗学习视频。

（5）发布或保存视频。

任务实现

（1）登录 DeepSeek 官网，在对话输入框中输入提示词。

> 我要生成一段视频，用于给学生讲解古诗，帮我写一段视频需要的文案内容：
>
> 《登鹳雀楼》
>
> 唐 王之涣
>
> 白日依山尽，黄河入海流。
>
> 欲穷千里目，更上一层楼。

如图 4-15 所示。

图 4-15　在对话输入框中输入提示词

（2）输入完成后提交给 DeepSeek 进行处理，得到生成的视频文案，如图 4-16 所示。

图 4-16　得到生成的视频文案

> 提示：对文案文本进行复制，准备粘贴到度加创作工具中进行应用。

（3）启动"度加创作工具"，单击"AI 成片"按钮，打开"输入文案成片"界面，如图 4-17 所示。

图 4-17　打开"输入文案成片"界面

（4）将 DeepSeek 生成的文案复制到对话输入框中，单击"AI 缩写"按钮，如图 4-18 所示。

图 4-18　单击"AI 缩写"按钮

（5）等待 AI 缩写完成，如图 4-19 所示。

图 4-19　等待 AI 缩写完成

（6）缩写完成后，单击"一键成片"按钮，如图 4-20 所示。

图 4-20　单击"一键成片"按钮

（7）AI 在生成视频过程中会智能地补充合适的图片或视频等素材，如图 4-21 所示。

提示：在生成视频过程中，度加创作工具会智能地添加合适的图片或视频等素材，形成一段完整的视频。

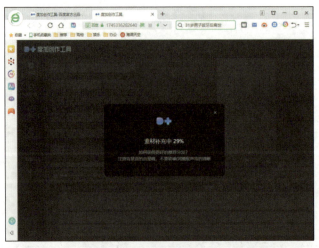

图 4-21　智能地补充合适的图片或视频等素材

（8）等待 AI 生成视频后，可以预览视频效果，如图 4-22 所示。

图 4-22　预览视频效果

（9）生成视频后，单击"发布视频"按钮，如图 4-23 所示。

（10）发布视频时，可以单击"生成视频"按钮，生成的视频会被保存在度加创作工具账号中，也可以将其下载到本地保存和应用，如图 4-24 所示。

图 4-23　单击"发布视频"按钮

图 4-24　单击"生成视频"按钮

 知识链接

DeepSeek（深度求索）

DeepSeek（深度求索）作为一家中国本土的技术公司，在 AI 界有哪些优势？

1. 国产自研大语言模型的突破

DeepSeek 推出的 DeepSeek-V2/V3 等大语言模型，在多项国际评测中表现优异，甚至媲美 OpenAI 的 GPT-4 等顶尖模型。这意味着中国在 AI 大模型领域不再完全依赖国外技术，国人可以使用更符合本土需求、更懂中文的 AI 助手。

2. 免费开放，降低使用门槛

相比于 OpenAI、Anthropic 等国外 AI 公司的高额订阅模式，DeepSeek 目前仍然免费提供强大的 AI 服务，让普通用户、开发者和中小企业都能轻松使用先进的大模型技术，极大推动了 AI 普惠化。

3. 更懂中文和中国文化

DeepSeek 由国内团队打造，对中文理解更深入，尤其在成语、诗词、网络流行语等方面表现优秀，还能更好地处理国内特有的应用场景（如政务、教育、本地生活等）。

4. 支持超长上下文

DeepSeek 的大模型支持超长文本处理（如 DeepSeek-V3 支持处理 128 K 上下文），可以阅读和分析超长文档（如论文、法律文件、书籍等），这在中文 AI 领域非常领先。

5. 开源与生态建设

DeepSeek 不仅提供闭源的强大模型，还开源了 DeepSeek-Coder（代码模型）、DeepSeek-Math（数学推理模型）等，推动中国 AI 开发者生态繁荣，让更多人能参与 AI 创新。

6. 响应国家科技自立战略

在 AI 竞争激烈的今天，DeepSeek 的成长代表了中国在关键技术领域的自主突破，减少了对西方技术的依赖，符合国家科技自立自强的战略方向。

DeepSeek 给世界带来的惊喜，不仅在于技术上的突破，更在于它让普通用户、开发者和企业都能轻松使用世界级的 AI 技术，同时推动中国在全球 AI 竞赛中占据更重要的位置。未来，随着 DeepSeek 持续迭代，它可能会带来更多创新应用，进一步改变我们的工作和生活方式。

度加创作工具

度加创作工具（aigc.baidu.com）别名为度加，是由百度出品的、人人可用的 AIGC 创作工具网站。度加致力于通过 AI 能力降低内容生产门槛，提升创作效率，一站式聚合百度 AIGC 能力，引领跨时代的内容生产方式。度加的主要功能包括 AI 成片（图文成片 / 文字成片）、AI 笔记（智能图文生成）、AI 数字人等。

📖 项目总结

本项目通过任务实践，帮助学生掌握以下核心技能与知识。

1. AI 提问与内容生成技能

（1）通过结构化提示词获取高质量文本（如行业报告、小说大纲）。

（2）理解 NLP 与扩散模型在 AI 创作中的应用原理。

2. 跨平台协作技能

（1）完成"文本→图像→视频"全链路创作（如古诗学习视频制作）。

（2）应用 AI 缩写、智能素材匹配等功能优化内容。

3. 自动化开发及 AI 伦理与合规

（1）使用 AI 生成基础网页代码，理解 HTML/CSS 结构。

（2）识别 AI 生成内容的版权风险与生物准确性问题。

📖 拓展任务

拓展任务 1：应用 DeepSeek 创作学校主页

使用 DeepSeek AI 辅助设计并生成一个现代化学校网站的主页 HTML 代码，包括导航栏、轮播图、新闻公告、课程展示等核心模块，最终在浏览器中运行以查看效果。

拓展任务 2：DeepSeek+ 豆包协作创作科幻角色设计

使用 DeepSeek 生成角色设定提示词，并通过豆包图像生成工具创作一组科幻风格的角色立绘。

任务要求：

（1）给 DeepSeek 的提示词："我需要用豆包生成一组科幻角色立绘，请帮我写一段详细的 AI 绘画提示词，包含未来战士、科幻风格等元素。"

（2）得到 DeepSeek 生成的符合 AI 绘画需求的描述文本（如服装细节、光影风格、背景设定等）。

（3）启用豆包的"图像生成"功能，用 DeepSeek 生成的提示词生成并优化科幻角色。

（4）挑选最符合需求的角色设计图，下载并保存。

拓展任务 3：应用 DeepSeek+ 度加生成一段介绍中国长城的旅游宣传视频

任务要求：

（1）AI 文案生成：使用 DeepSeek 生成一段关于中国长城的精彩介绍文案，要求语言优美、富有感染力，突出长城的历史文化价值和旅游魅力。

（2）AI 视频制作：将生成的文案导入度加创作工具，生成一段 1 分钟以上的旅游宣传视频，要求画面精美、配乐契合、节奏流畅，充分展现长城的壮丽景观。

拓展任务 4：应用 DeepSeek 写作"校园一日"短视频脚本

任务要求：

（1）AI 文案生成。

向 DeepSeek 提供多维度场景描述词，例如：

生成一个 5 分钟校园短视频脚本，需包含：

①时间线：清晨—课堂—午休—社团活动—黄昏；

②角色：高三学生、新生、食堂阿姨、社团负责人；

③冲突点：新生迷路错过开学典礼，高三生帮助引路；

④视觉亮点：晨光中的操场、黑板粉笔字特写、社团招新海报墙。

（2）采用 AI 扩写和优化脚本。

情感强化：增加校园青春元素（如课桌上的涂鸦、操场边的银杏树）。

节奏调整：确保高潮场景（如社团招新）占比 ≥ 30%，结尾留白 5 秒用于字幕。

（3）输出与交付。

保存为文档，命名为"校园一日 _ 分镜脚本 .docx"。

拓展任务 5：度加实战：剪辑"社团招新"宣传视频

任务目标：通过 AI 工具生成符合青年审美、突出社团特色的 1 分钟招新视频。

（1）提示词输入示例：

生成符合青年审美、突出社团特色的 1 分钟招新视频。

要求包括以下镜头：

①图书馆阶梯：清晨阳光斜射，学生三五成群走上台阶，风格清新；

②操场跑道：黄昏逆光镜头，长椅与书包点缀，色调暖橙；

③社团招新横幅：手绘风格，包含"吉他社""动漫社"等字样，背景为樱花树。

可以多次要求度加优化生成的文案。

（2）生成时，可以选择横版模式。

（3）成品文件。

视频文件导出为"社团招新 _ 宣传片横版 .mp4"。

拓展任务 6：DeepSeek 与度加结合优化视频脚本及制作"海南非遗文化"短视频脚本

任务目标：通过 AI 工具生成兼具文化深度与传播力的非遗短视频。

（1）AI 文案生成。

向 DeepSeek 提供多维度场景描述词，例如：

写一段关于"海南非遗文化"的脚本内容，重点改进：

①黎锦工艺描述：增加踞腰织机操作步骤（如经线准备、梭子穿行技巧）；

②文化隐喻：将"人形纹"解释为"黎族祖先对自然崇拜的符号体系"；

③删除冗余场景：压缩开场仪式至 10 秒内。

（2）优化脚本及生成视频。

将 DeepSeek 生成的文案输入度加成片对话输入框，并交由 AI 扩写优化。满意后再提交生成视频。

生成时，可以选择横版或竖版模式。

生成后可以对个别素材和文字进行编辑，以达到自己预期的创作效果。

（3）成品文件。

视频文件导出为"海南非遗 _ 精华版 .mp4"。

项目五　豆包AI应用——从文字到视觉的创意延伸

知识导读

"豆包"是由字节跳动公司开发的AI平台，能为用户提供对话交流、信息查询、创作辅助、娱乐互动等多样化服务。

（1）对话交流：可与用户进行日常聊天、分享生活趣事，还能解答各类问题，如知识咨询、生活建议等。

（2）信息查询：能搜索新闻资讯、天气情况、交通路线、历史事件等各类信息，为用户提供实时、准确的数据。

（3）创作辅助：可协助用户进行文案写作，如撰写文章、诗歌、故事等；也能生成代码、翻译文本等。

（4）娱乐互动：具备讲笑话、玩游戏、推荐影视音乐作品等娱乐功能，为用户带来轻松体验。

豆包还有许多强大的功能，如翻译、图像生成、音乐生成、编程、视频生成及智能体等功能。

本项目将通过七个实践任务，带领学生系统学习豆包AI平台的核心功能与应用场景。

任务一：带领学生掌握AI音乐生成技术，学习通过精准提示词创作主题音乐并下载mp4文件。

任务二和任务三：聚焦AI图像生成，通过迭代优化提示词实现"孤独少年与人工月球"系列图像创作，并掌握国风插画转换为屏风效果的技巧。

任务四：带领学生学习使用数据分析功能合并Excel多表数据。

任务五：带领学生实践AI编程能力，生成可运行的五子棋游戏代码。

任务六：带领学生通过"唐风诗韵"智能体学习古典诗歌创作规范。

任务七：创建具有唐代诗人特质的自定义AI智能体。

本项目旨在通过案例实操，培养学生 AI 工具协同应用能力，帮助学生掌握提示词工程核心技巧，提升跨领域智能创作水平。

学习目标

一、知识目标

（1）理解 AI 音乐生成的技术原理（音乐语言模型／扩散模型）及提示词优化方法。

（2）了解豆包在图像生成、插画创作、数据分析、编程及智能体方面的应用效果。

二、技能目标

（1）能使用精准提示词生成符合主题的 AI 音乐和图像作品。

（2）掌握 AI 图像生成作品的迭代优化方法（分阶段调整服装／动作／构图）。

（3）掌握 Excel 多表合并技术，能进行基本的数据处理。

（4）能调试运行 AI 编程得到的内容，实现一定的功能。

三、素养目标

（1）养成结构化提示词编写习惯（主体－场景－风格－参数）。

（2）理解传统文化元素在 AI 创作中的适配性原则。

（3）培养多模态作品输出能力（mp4／图像／诗歌／程序）。

任务一　应用豆包创作音乐 mp4

任务要求

通过豆包官网的"音乐生成"功能，创作一段以"快乐学习"为主题的音乐，并下载生成的 mp4 格式文件到本地。

（1）在对话输入框中输入"@"符号，选择"音乐生成"功能。

（2）填写提示词：在输入框中补充关键词"快乐学习"，完善音乐主题要求。

（3）生成完成后，单击"下载"按钮将文件保存至本地。

（4）播放生成的音乐文件。

任务实现

（1）进入豆包官网，单击"使用网页版"按钮，如图 5-1 所示。

图 5-1 单击"使用网页版"按钮

（2）单击"新对话"按钮，在对话输入框中输入"@"，执行"音乐生成"命令，如图5-2所示。

图 5-2 执行"音乐生成"命令

（3）在输入框中得到一段提示词，如图 5-3 所示。

图 5-3 得到一段提示词

（4）在输入框的提示词中，补充"快乐学习"主题文本，如图 5-4 所示。

图 5-4　补充"快乐学习"主题文本

（5）提交后，等待 mp4 生成，如图 5-5 所示。

图 5-5　等待 mp4 生成

（6）可以直接播放，也可以单击"下载"按钮，将 mp4 文件下载到本地，如图 5-6 所示。

图 5-6　将 mp4 文件下载到本地

（7）可以在浏览器右上角单击"下载"按钮，单击"在文件夹中显示"按钮，即可在本地查看创作完成的音乐文件，如图5-7所示。

图5-7　单击"在文件夹中显示"按钮

AI音乐生成技术应用

当前主流AI音乐生成技术（如豆包、Suno等）主要基于音乐语言模型、扩散模型、多模态对齐等技术架构。

（1）音乐语言模型：采用类似MusicLM的架构，将音乐表示为离散token序列。

（2）扩散模型：通过AudioLDM等技术实现高质量音频合成。

（3）多模态对齐：CLAP（Contrastive Language–Audio Pretraining，对比语言–音频预训练）等模型实现文本–音乐特征对齐。

音乐生成提示词应用技巧

使用豆包进行音乐生成时，提示词的精准性和丰富度直接影响生成音乐的质量。

1. 基础技能

（1）明确音乐类型与风格。

指定音乐的大类风格（如流行、古典、电子、摇滚、爵士、国风等），若有细分风格，则可进一步说明，如"蒸汽波""凯尔特民谣"等。

例如：

"生成一首放松的流行钢琴曲，带点爵士和弦元素。"

"制作一首暗黑风格的电子核音乐，强调失真吉他和快速鼓点。"

（2）描述情绪与氛围。

用具体词汇替代模糊感受，避免用"好听""舒服"等笼统描述，改用场景化或情感化词汇，如"治愈""悬疑""热血""孤独""梦幻""复古"等。

例如：

"创作一首清晨森林氛围的音乐，要求空灵、清新，带流水声和鸟鸣采样。"

"制作深夜城市街头的爵士布鲁斯，突出萨克斯的沙哑感和慵懒的节奏。"

（3）指定乐器。

明确主奏乐器及伴奏乐器，如"主奏乐器为小提琴，搭配钢琴和少量合成器垫乐"。

（4）指定编曲结构。

编曲结构可说明，如"前奏 – 主歌 – 副歌 – 桥段 – 尾声"或特殊编排，如"副歌部分加入弦乐高潮""中间插入一段即兴萨克斯"。

例如：

"用吉他、尤克里里和沙锤制作一首民谣小品，主歌轻柔，副歌加入和声合唱。"

（5）控制速度。

直接指定速度范围，如"120 BPM 的中速流行""60 BPM 的慢速抒情曲"。

（6）指定节奏。

描述节奏特点，如"切分节奏""三连音为主"。

例如：

"生成一首 135 BPM 的 Future House，强调四连音底鼓和反拍军鼓。"

"爵士乐曲采用 Swing 节奏，速度控制在 90 BPM 左右。"

2. 更好的优化能提升音乐细节与独特性

（1）添加参考元素。

引用现有作品，可用知名音乐人、歌曲或电影配乐作为参考，如"类似于久石让的治愈系钢琴风格""接近《星际穿越》原声的宇宙氛围"。

（2）添加灵感来源。

融入特定文化或地域元素符号，如"非洲鼓与部落吟唱的世界音乐"。

例如：

"结合蒙古长调和电子合成器，制作实验性世界音乐。"

（3）细化音色。

细化描述乐器的音色质感特点，如"温暖的木吉他音色""冰冷的电子合成器音色""沙哑的男声哼唱"。

（4）细化音效设计。

在细化音效方面，可加入环境音或特效，如"雨声白噪声背景""电话通话质感的失真人声""唱片刮擦音效"。

例如：

"钢琴音色需要明亮通透，副歌加入钟琴的高频点缀。"

"电子音乐中加入老式收音机调台的'滋滋声'作为过渡音效。"

3. 设定场景与叙事性

构建画面感，用场景引导音乐走向，如"太空漫步的失重感""复古舞厅的霓虹闪烁""暴雨中奔跑的紧张感"。

叙事结构，赋予音乐起承转合，如"从孤独的单音乐器开场，逐渐加入乐器层，最终达到热闹的高潮"。

例如：

"创作一首以时光倒流为主题的音乐，前奏是老旧时钟滴答声，主歌渐入怀旧的钢琴旋律，副歌突然切换为现代电子乐。"

"游戏 BOSS 战音乐需要分阶段，第一阶段为紧张的低音铺垫，第二阶段为激烈的管弦乐齐奏，第三阶段为胜利后的轻快旋律。"

4. 混合风格与实验性尝试

跨界融合：组合两种或多种风格（如"古典交响乐 + 嘻哈节奏""民谣吉他 + 电子音效"）。

非常规编排：打破常规结构（如"无鼓点的纯氛围音乐""主歌用外语念白，副歌转旋律演唱"）。

例如：

"将中国古筝与爵士乐结合，用 Swing 节奏演绎《茉莉花》旋律。"

"制作一首'声音渐冻'效果的音乐：从正常速度开始，逐渐放慢 BPM 至停滞，模拟时间冻结的感觉。"

音乐创作注意事项

（1）不用空泛词汇。例如，不用"做一首好听的音乐""要有感觉"等空泛词汇，需要具体到情绪、风格或场景。

（2）减少歧义描述。例如，"摇滚"需要区分类型，如朋克摇滚、硬摇滚、独立摇滚等；"电子"需要说明子风格，如 House、Techno、Trance 等。

（3）合理期待生成效果。豆包基于算法组合生成音乐，复杂编曲（如大型交响乐团）可能需要多次调整提示词或分轨生成。

任务二　应用豆包生成图像

🅑 任务要求

通过豆包官网的"图像生成"功能，逐步调整提示词，生成一系列以"孤独少年与人工月球"为主题的 AI 图像，并优化细节（如服装、动作、构图等），最终下载符合需求的图片。

（1）选择"一位穿着白色长风衣的赤脚人物……"模板，做同款。

（2）生成初始图像。

（3）调整人物服装：修改提示词，将"白色长风衣"改为"金黄色渔夫服"，生成新图像。

（4）增加输出数量：在提示词中指定"出四张图"，以获取更多可选方案。

（5）添加道具细节：在提示词中补充"背着一个竹制鱼篓"，生成新一组的四张图。

（6）调整物体颜色：将"人工月球"的光效改为"金黄光"，观察生成图像的色彩变化。

（7）修改人物动作：将"低头注视沙滩"改为"双手捧着金黄色的'人工月球'，仔细观察着"，生成更具动态感的图像。

（8）使用参考图优化：重新进入"图像生成"界面，上传已下载的图片作为参考图，结合新提示词（如"将人工月球放进竹制鱼篓"或"少年走向渔村"）生成更多符合预期的变体。

🔵 任务实现

（1）进入豆包官网，单击"图像生成"按钮，在"精选"选项卡下，选中"一位穿着白色长风衣的赤脚人物……"图，单击"做同款"按钮，如图5-8所示。

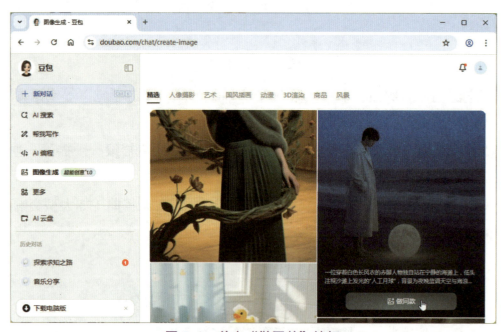

图5-8　单击"做同款"按钮

（2）得到提示词。

一位穿着白色长风衣的赤脚人物独自站在宁静的海滩上，低头注视沙滩上发光的"人工月球"，背景为夜晚蓝调天空与海浪，画面主色为深蓝与月白色，构图简洁留白大，氛围诗意、孤独、梦境感强烈，风格融合摄影诗学与超现实主义视觉语言，营造出现代寓言般的静谧感知空间。比例「9：16」。

如图 5-9 所示。

图 5-9　得到提示词

（3）提交后，等待 AI 生成图片，得到一张图片，如图 5-10 所示。

图 5-10　得到一张图片

（4）更改提示词，输入以下内容。

一位穿着金黄色渔夫服的赤脚少年独自站在宁静的海滩上，低头注视沙滩上发光的"人工月球"，背景为夜晚蓝调天空与海浪，画面主色为深蓝与月白色，构图简洁留白大，氛围诗意、孤独、梦境感强烈，风格融合摄影诗学与超现实主义视觉语言，营造出现代寓言般的静谧感知空间。比例「9：16」。

如图 5-11 所示。提示词只对人物的服装更改了描述，然后提交。

图 5-11　更改提示词

（5）等待 AI 生成图片，得到人物服装更换后的一张图片，如图 5-12 所示。

图 5-12　得到人物服装更换后的一张图片

（6）更改提示词，输入以下内容。

> 　　一位穿着金黄色渔夫服的赤脚少年独自站在宁静的海滩上，低头注视沙滩上发光的"人工月球"，背景为夜晚蓝调天空与海浪，画面主色为深蓝与月白色，构图简洁留白大，氛围诗意、孤独、梦境感强烈，风格融合摄影诗学与超现实主义视觉语言，营造出现代寓言般的静谧感知空间。比例「9：16」，出四张图。

如图 5-13 所示。提示词增加了输出图片张数为四张的要求，然后提交。

图 5-13　更改提示词

（7）等待 AI 生成图片，得到一组四张图片，如图 5-14 所示。

> 提示：一次输出四张图片，可以为用户提供更多的选择。

图 5-14　得到一组四张图片

（8）更改提示词，输入以下内容。

> 一位穿着金黄色渔夫服的赤脚少年独自站在宁静的海滩上，背着一个竹制鱼篓，低头注视沙滩上发光的"人工月球"，背景为夜晚蓝调天空与海浪，画面主色为深蓝与月白色，构图简洁留白大，氛围诗意、孤独、梦境感强烈，风格融合摄影诗学与超现实主义视觉语言，营造出现代寓言般的静谧感知空间。比例「9：16」，出四张图。

如图 5-15 所示。提示词增加了"背着一个竹制鱼篓"的描述，然后提交。

图 5-15　更改提示词

（9）等待 AI 生成图片，得到新一组四张图片，人物背着一个竹制鱼篓，如图 5-16 所示。

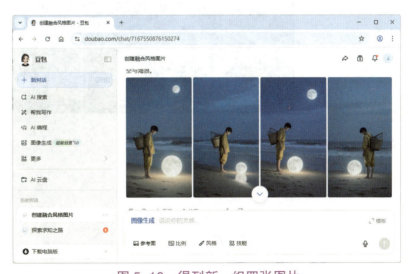

图 5-16　得到新一组四张图片

（10）更改提示词，输入以下内容。

> 一位穿着金黄色渔夫服的赤脚少年独自站在宁静的海滩上，背着一个竹制鱼篓，低头注视沙滩上发着金黄光的"人工月球"，背景为夜晚蓝调天空与海浪，画面主色为深蓝与月白色，构图简洁留白大，氛围诗意、孤独、梦境感强烈，风格融合摄影诗学与超现实主义视觉语言，营造出现代寓言般的静谧感知空间。比例「9：16」，出四张图。

更改提示词中关于"人工月球"颜色的描述，更改为"金黄光"，然后提交，如图 5-17 所示。

图 5-17 更改提示词

（11）等待 AI 生成图片，得到新一组四张图片，沙滩上的"人工月球"都变成了金黄光，如图 5-18 所示。

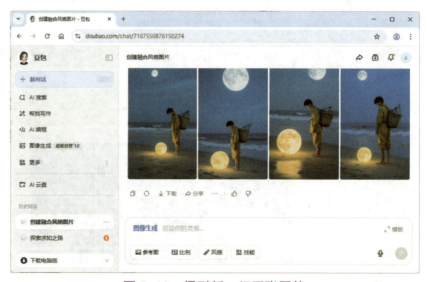

图 5-18 得到新一组四张图片

（12）更改提示词，输入以下内容。

> 一位穿着金黄色渔夫服的赤脚少年独自站在宁静的海滩上，背着一个竹制鱼篓，双手捧着金黄色的"人工月球"，仔细观察着，背景为夜晚蓝调天空与海浪，画面主色为深蓝与月白色，构图简洁留白大，氛围诗意、孤独、梦境感强烈，风格融合摄影诗学与超现实主义视觉语言，营造出现代寓言般的静谧感知空间。比例「9：16」，出四张图。

更改提示词中的一句为：双手捧着金黄色的"人工月球"，仔细观察着。提交后等待 AI 生成图片，得到新一组四张图片，人物已将沙滩上的"人工月球"捧着观察，如图 5-19 所示。

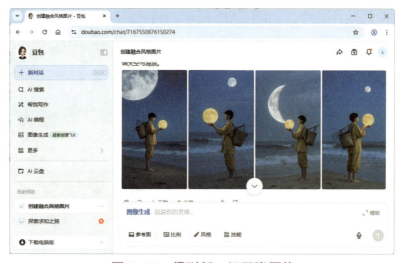

图 5-19 得到新一组四张图片

（13）选择其中一张图片，单击"下载原图"按钮，将图片保存至本地，如图 5-20 所示。

图 5-20 单击"下载原图"按钮

（14）单击"图像生成"按钮，单击"参考图"按钮，上传一张参考图，如图 5-21 所示。

图 5-21 上传一张参考图

（15）选择要上传的图片文件，如图 5-22 所示。

图 5-22　选择要上传的图片文件

（16）更改提示词，输入以下内容。

> 一位穿着金黄色渔夫服的赤脚少年，把金黄色的"人工月球"放进了背后的竹制鱼篓里，背景为夜晚蓝调天空与海浪，画面主色为深蓝与月白色，构图简洁留白大，氛围诗意、孤独、梦境感强烈，风格融合摄影诗学与超现实主义视觉语言，营造出现代寓言般的静谧感知空间。比例「9：16」，出四张图。

提示词中要求把金黄光的"人工月球"放进背后的竹制鱼篓里，如图 5-23 所示。然后提交。

图 5-23　更改提示词

（17）得到四张图片，如图 5-24 所示。

> **提示：** 四张图片有一定差异，有些是放入篓的动作开始，有些是放入篓的动作过程，有些是放入完成，在提示词的描述中，要注意描述动作的区别。

图 5-24　得到四张图片

（18）下载一张图片，再上传为参考图，输入提示词。

> 一位穿着金黄色渔夫服的赤脚少年，背上竹制鱼篓里放着一个金黄色的"人工月球"，沿着海滩边走向远方的渔村，背景为夜晚蓝调天空与海浪，画面主色为深蓝与月白色，构图简洁留白大，氛围诗意、孤独、梦境感强烈，风格融合摄影诗学与超现实主义视觉语言，营造出现代寓言般的静谧感知空间。比例「9：16」，出四张图。

提交后可以生成更多预期中的图片，如图5-25所示。

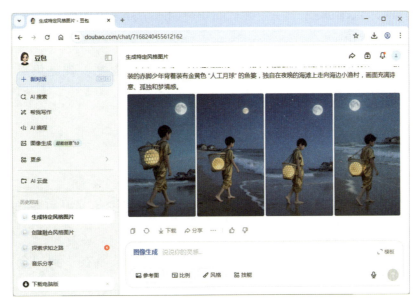

图5-25　生成更多预期中的图片

知识链接

1. AI 图像生成技术应用

当前主流 AI 图像生成技术（如豆包图像生成功能）主要基于扩散模型和多模态对齐技术，通过文本提示词解析语义并生成对应视觉内容。核心技术特点包括扩散模型和多模态对齐。

（1）扩散模型。

模型通过逐步去噪实现从随机噪声到清晰图像的生成。

（2）多模态对齐。

模型建立文本描述与图像特征的关联，确保提示词与画面内容精准匹配。

2. 图像生成提示词优化技巧

（1）基础技能。

精准构建画面要素，主体特征明确化。

进行人物构建时，可以从年龄、服装材质/颜色/款式、动作姿态（如"金黄色渔夫服""赤脚""双手捧物"）等方面进行构建。

进行物体构建时，可以从形状、颜色、材质、光效（如"竹制鱼篓""金黄色人工月球"）等方面进行构建。

例如：

"穿着金黄色渔夫服的赤脚少年"与"人物穿着外套"（前者更精准）。

（2）场景与氛围具体化。

场景具体化，地点、时间、天气、背景元素（如"夜晚蓝调天空与海浪""宁静海滩"）。

氛围具体化，情感基调、视觉风格（如"诗意、孤独、梦境感""摄影诗学与超现实主义"）。

例如：

"背景为夜晚海滩，氛围孤独"与"背景简单"（前者引导更明确）。

（3）构图与比例标准化。

直接指定画面比例（如"9∶16"适合手机竖屏）、留白程度、视觉焦点（如"构图简洁留白大""人工月球为发光主体"）。

3. 进阶技能

（1）分阶段迭代优化。

精细化调整与创意拓展，逐步分阶段优化。

基础框架，先确定主体、场景、风格的核心要素（如"少年 + 人工月球 + 海滩 + 超现实主义"）。

细节叠加，逐步添加服装、道具、光效等（如从"白色长风衣"到"金黄色渔夫服"再到"背着竹制鱼篓"）。

动态引导，通过动作变化推动叙事（如"低头注视"→"双手捧物"→"放入鱼篓"→"走向渔村"）。

（2）参考图与批量生成结合。

参考图复用，上传已生成图片作为参考，锁定部分画面元素（如人物姿态、构图），仅调整关键动作或道具（如"将人工月球放进鱼篓"）。

批量生成策略，通过"出四张图"获取多版本变体，对比选择更符合预期的动态或构图（如动作起始、过程、完成阶段的差异）。

（3）色彩与光效控制。

主色调指定，明确画面主色与对比色（如"深蓝与月白色"），避免色彩杂乱。

光效细节，描述光源方向、颜色、强度（如"人工月球发金黄光""夜晚蓝调天空的冷光"），增强画面层次感。

4. 避免无效描述

（1）拒绝模糊词汇。

避免"好看""有感觉"等笼统表述，改用"摄影诗学""超现实主义"等具体风格词。

（2）减少歧义空间。

服装款式需要明确（如"长风衣"优于"外套"），动作姿态需要具体（如"双手捧着"优于"拿着"）。

（3）合理预期生成逻辑。

AI可能对复杂动作（如"放入鱼篓的精确动态"）生成得不完美，可通过多版本生成或分阶段调整（如先捧物，再抬手，最后放入）逐渐接近预期。

5. 实战流程应用

实战参数应用示例见表5-1。

表5-1　实战参数应用示例

步骤	提示词核心调整	目标效果
1. 初始生成	白色长风衣 + 低头注视人工月球	奠定孤独、诗意的氛围基调
2. 服装调整	"金黄色渔夫服"替代"白色长风衣"	增强视觉对比与地域文化联想（渔村）
3. 批量生成	添加"出四张图"	获取多构图、多动态的备选方案
4. 道具添加	"背着一个竹制鱼篓"	丰富人物背景故事（渔夫身份）
5. 光效调整	"人工月球发金黄光"	突出主体并统一暖色调视觉中心
6. 动作升级	"双手捧着人工月球"→"放入鱼篓"→"走向渔村"	构建"发现→接触→带走"的叙事链条
7. 参考图优化	上传历史图片 + 新增"走向渔村"动态	延续画面连贯性，深化故事性

任务三　应用豆包制作国风插画

任务要求

通过豆包官网的"图像生成"功能，生成一组以"春日晨光中的梅花鹿"为主题的国风插画，并将生成的插画进一步转换为四张屏风效果的图片。

（1）访问豆包官网并选择"图像生成"功能。

（2）在"风格"选项卡中选择"国风插画"选项。

（3）选择示例图片"春日晨光中的梅花鹿……"做同款。

（4）转换为屏风效果。

（5）保存最终生成的四张屏风效果图片。

任务实现

（1）进入豆包官网，单击"图像生成"按钮，单击"国风插画"选项卡，选中"春日晨光中的梅花鹿……"的图，单击"做同款"按钮，如图5-26所示。

图 5-26　单击"做同款"按钮

（2）得到提示词。

> 春日晨光中的梅花鹿，梅树繁花似锦，鹿群悠然踱步，露珠晶莹，细腻工笔勾描结合晕染设色，宋代花鸟画传统构图，柔粉色与浅灰绿交织出清新雅逸的氛围，比例「2∶3」。

如图 5-27 所示。

图 5-27　得到提示词

（3）提交后，得到四张图片，如图 5-28 所示。

图 5-28　得到四张图片

（4）输入提示词。

把以上的图更改为四张屏风。

然后提交，如图 5-29 所示。

图 5-29　输入提示词

（5）等待 AI 生成图片，得到四张屏风效果图片，如图 5-30 所示。

图 5-30　得到四张屏风效果图片

知识链接

国风插画生成技术应用

当前主流 AI 国风插画生成技术（如豆包等）主要基于深度学习模型、传统艺术特征提取、多风格融合等技术架构。

（1）深度学习模型，采用扩散模型结合中文语义理解，精准解析国风主题文本描述。

（2）传统艺术特征提取，内置宋画工笔、明清版画、敦煌壁画等传统艺术元素数据库，可自动提取线条、设色、构图特征。

（3）多风格融合，支持将水墨写意、工笔重彩、剪纸皮影等多种国风技法与现代插画风格融合。

国风插画提示词应用技巧

使用豆包进行国风插画生成时，提示词需要注重对传统文化元素与视觉细节的精准表达。

1. 基础技能

（1）明确艺术风格。

指定具体国风流派，如"宋代工笔花鸟画""明代青绿山水画""新国风插画""水墨写意""剪纸风格"等，可叠加现代风格描述，如"赛博国风""蒸汽波水墨"。

例如：

"生成一幅明代吴门画派风格的山水插画，青绿色调，水墨晕染，搭配飞鸟与渔舟。"

"创作新国风插画，融合敦煌壁画飞天元素与赛博朋克光效。"

（2）刻画场景元素。

详细描述主体与环境，主体需要明确物种、姿态、服饰等特征，环境需要包含季节、天气、具体景物。

例如：

"春日晨光中的梅花鹿群，主鹿佩戴金色铃兰花环，漫步于落英缤纷的梅林中，背景有晨雾缭绕的远山与潺潺溪流。"

"盛夏荷塘场景，少女身着淡青色襦裙，手持荷花立于木舟上，水面漂浮莲叶与莲蓬，蜻蜓停驻发间。"

（3）指定色彩体系。

引用传统色谱名称，如"朱砂""石青""藤黄""藕荷色""月白色"，或描述色彩氛围，如"柔粉色与浅灰绿交织的清新雅逸色调""墨色为主、辅以鎏金点缀的古雅质感"。

例如：

"采用工笔重彩技法，以朱砂红为主色调，描绘凤凰于飞场景，羽毛渐变至赭石色，背景衬以石青祥云。"

"水墨插画风格，以淡墨色渲染竹林意境，竹叶用花青色勾勒，地面点缀苔绿色苔藓。"

（4）细化笔触技法。

说明绘画技法细节，如"细腻工笔勾描结合淡墨晕染""枯笔皴擦表现岩石质感""水痕肌理模拟水墨洇染效果"。

例如：

"用白描手法勾勒汉服纹样，衣褶采用铁线描技法，背景以淡彩渲染烟雾朦胧感。"

"剪纸风格插画，主体轮廓用锯齿纹装饰，花瓣边缘作月牙纹处理，背景衬以镂空窗格图案。"

（5）限定构图形式。

指定传统构图方式，如"宋代花鸟画的折枝式构图""长卷式横构图""圆形扇面构图"，或现代构图比例，如"黄金比例构图""2∶3竖版构图"。

例如：

"采用马远'一角式'构图，画面右侧绘梅枝斜出，左侧留白表现晨光，梅花鹿位于画面左下角回望。"

"制作四屏风电绘插画，每屏采用独立构图但整体意境连贯，分别展现'鹿饮溪''鹿嗅花''鹿观云''鹿踏雾'场景。"

2. 进阶优化技巧

（1）添加文化符号。

融入传统器物、纹样、民俗元素，如"青花瓷瓶""团花纹锦缎""纸鸢""灯笼""二十四节气符号"。

例如：

"画面左上角添加惊蛰节气印章，梅花鹿足下点缀春雷纹样，背景绘制传统云雷纹底纹。"

"少女手持绘有缠枝莲纹的油纸伞，裙摆刺绣忍冬纹，身旁卧着佩戴璎珞项圈的瑞兽。"

（2）引入动态叙事。

赋予画面时间感或情节性，如"春风吹落梅花的瞬间""鹿群惊起前的刹那静止""晨光逐渐照亮山林的光影变化"。

例如：

"分镜式插画展现梅花鹿从晨雾中缓步走出的过程，第一屏模糊剪影，第二屏轮廓渐清，第三屏细节完整，第四屏完全沐浴在晨光中。"

"绘制'鹿衔灵芝'的吉祥场景，梅花鹿昂首轻衔灵芝草，灵芝孢子如荧光飘散，暗示祥瑞降临。"

（3）模拟材质质感。

描述画面呈现的材质效果，如"绢本设色的温润质感""宣纸水墨的晕染层次""铜版画的雕刻肌理""刺绣纹样的立体针法"。

例如：

"生成仿明代缂丝工艺的插画，梅花鹿皮毛用通经断纬技法表现，梅枝采用盘金绣针法勾勒。"

"水墨插画模拟宋纸质感，纸面可见纤维纹路，墨色在粗糙纸面形成自然飞白。"

（4）融合现代元素。

在传统国风基础上叠加现代设计手法，如"低多边形水墨""故障艺术风格的工笔画""3D渲染的古风场景"。

例如：

"将梅花鹿抽象为几何化造型，用青绿色块拼接表现，背景是像素化的古典园林。"

"工笔风格的荷花与赛博朋克风格的悬浮楼阁结合，荷叶脉络闪烁霓虹光效。"

屏风效果转换提示词技巧

1. 基础构图设定

（1）明确屏数与分割方式：如"四屏风电绘""三扇折叠屏风""六联屏通景构图"。

（2）指定边框样式：如"木质雕花边框""素绢包边""青铜纹样边框""无框水墨晕染衔接"。

例如：

"制作四屏风电绘，每屏独立边框为深棕色木纹，雕刻缠枝花卉纹样，屏间以云纹图案衔接。"

"六联屏通景构图，画面主体连贯穿越各屏，边框采用淡青色绢布质感，边缘点缀流苏装饰。"

2. 视觉连贯技巧

（1）元素跨屏延伸：主体或背景元素（如山脉、河流、花枝）从一屏延伸至相邻屏。

例如：

"梅花鹿的头部位于第一屏，身体跨越第二、三屏，尾部延伸至第四屏，形成动态连贯的行走姿态。"

"背景中的溪流从左至右贯穿四屏，每屏水面漂浮不同形态的落花。"

（2）统一色调体系：各屏采用相近色系或渐变色调，如"四屏均以淡粉色为主，从左到右色调逐渐变浅以模拟晨光变化。"

3. 传统纹样应用

在屏风边框或空白处添加传统吉祥纹样，如"回字纹""八达晕纹""冰裂纹""宝相花纹"。

例如：

"每屏底部边缘绘制宽度 5 cm 的海水江崖纹，顶部添加云气纹，中间主体区域留白。"

"屏风边框内侧装饰连续的团寿纹，四角点缀蝙蝠纹样，取'福寿双全'寓意。"

4. 材质与光影模拟

（1）模拟屏风材质：如"檀木屏风的木纹肌理""漆器屏风的红漆光泽""纱质屏风的半透明质感"。

（2）添加光影效果：如"屏风受光面提亮，暗面添加阴影，模拟立体摆放效果""阳光透过窗棂在屏风表面形成斑驳投影"。

例如：

"生成仿明代漆器屏风效果，主体画面为彩漆戗金技法，边框红漆并饰以花纹，右下角添加斜射阳光形成的光影对比。"

"纱质屏风效果，梅花鹿形象在薄纱后若隐若现，透过屏风可见背后模糊的竹林剪影。"

国风插画生成注意事项

1. 避免元素冲突

注意传统文化元素的时代与地域适配性，如"唐代服饰不可搭配明清家具""水墨画风格勿强行叠加立体投影"。

2. 控制细节复杂度

过度堆砌元素可能导致画面杂乱，建议采用"主体突出 + 2~3 种环境元素 + 1 种辅助纹样"的搭配原则。

3. 合理使用比例参数

人像类插画建议采用"3：4"竖版比例，山水类插画建议采用"16：9"横版比例，特殊构图需要提前说明（如"圆形扇面比例"）。

4. 分阶段生成优化

复杂场景可先生成单主体图，再逐步添加环境、配饰、光影等元素，避免提示词过于冗长。

任务四　应用豆包进行数据分析

📷 任务要求

使用豆包官网的"数据分析"功能，将 Excel 文件中的所有 Sheet 按相同列名合并到一张表中，并生成一个新的 Excel 文件。

（1）访问豆包官网，应用"数据分析"功能。

（2）选择示例文件（如"各分公司销售额……"）。

（3）应用系统自动生成提示词："帮我把文件中的所有 Sheet 按相同列名合并到一张表中，重新生成一个 Excel 文件。"

（4）等待 AI 将多个工作表合并到一个工作表中，生成一个新的 Excel 文件。

（5）下载合并前和合并后的文件。

📷 任务实现

（1）进入豆包官网，单击"新对话"按钮，在对话输入框下，单击"更多"按钮，如图 5-31 所示。

图 5-31　单击"更多"按钮

（2）单击"数据分析"按钮，如图 5-32 所示。

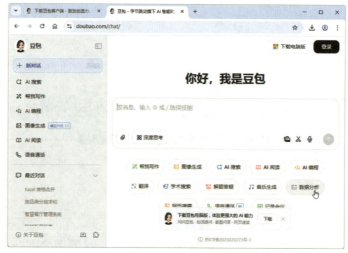

图 5-32　单击"数据分析"按钮

（3）选择其中一个 Excel 文件，如选择第一个 Excel 文件，如图 5-33 所示。

提示：需
要上传自己的
Excel 文件交
由豆包处理，
可以执行"浏
览文件"命令
进行上传，也
可以单击右下
角的"查看更
多"按钮上传
文件并输入处
理要求。

图 5-33　选择第一个 Excel 文件

（4）单击第一个 Excel 文件后，得到的提示词是"帮我把文件中的所有 Sheet 按相同列名合并到一张表中，重新生成一个 Excel 文件"，同时，系统提供了一个"各分公司销售额……"的 Excel 文件，可以单击"下载"按钮将这个文件保存到本地，如图 5-34 所示。

（5）打开下载的"各分公司销售额……"Excel 文件，可以看到三个工作表，分别记录的是分公司 1、分公司 2、分公司 3 的销售数据，如图 5-35 所示。

图 5-34　单击"下载"按钮

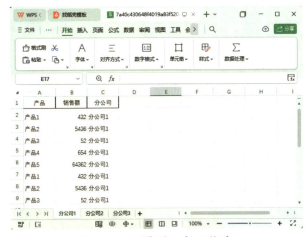

图 5-35　看到三个工作表

（6）等待平台处理完成，生成一个"各分公司销售额_示例数据……"Excel 文件，单击该文件进行下载，如图 5-36 所示。

图 5-36　单击该文件进行下载

（7）单击"打开"按钮，打开下载的 Excel 文件，如图 5-37 所示。

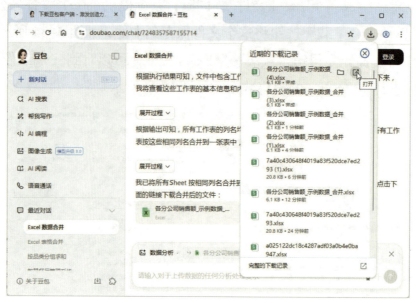

图 5-37　单击"打开"按钮

（8）打开 Excel 文件，可以看到全部记录已被成功地合并在一个工作表中，如图 5-38 所示。

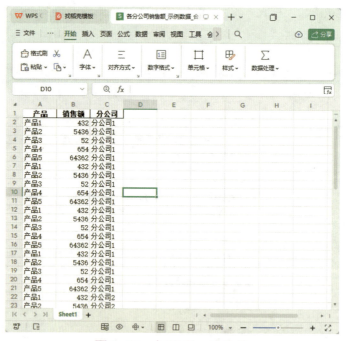

图 5-38　打开 Excel 文件

 知识链接

AI 数据分析技术应用

当前主流 AI 数据分析技术（如豆包数据分析功能）主要基于自然语言处理（NLP）、自动化数据处理引擎、跨表智能匹配等技术架构。

1. 自然语言处理

解析用户指令中的业务需求（如"合并 Sheet""按列名匹配"），转化为可执行的数据操作逻辑。

2. 自动化数据处理引擎

支持 Excel、CSV 等格式文件的批量读取、清洗、转换及合并，内置智能去重、格式统一算法。

3. 跨表智能匹配

通过机器学习模型识别不同 Sheet 中的相同列名，自动对齐字段顺序并处理数据类型差异。

数据合并提示词应用技巧

使用豆包进行数据合并时，提示词需要明确数据范围、匹配规则及输出要求，确保处理结果精准。

1. 基础技能

（1）指定文件范围。

明确需要处理的文件数量及来源，如"合并当前上传的 3 个 Excel 文件""处理同一工作簿中的所有 Sheet"。

例如：

"帮我合并名为'分公司（1）.xlsx''分公司（2）.xlsx''分公司（3）.xlsx'的 3 个文件。"

"将'销售数据.xlsx'工作簿内的'一月''二月''三月'Sheet 合并。"

（2）定义合并规则。

列名匹配方式：说明按"完全一致列名""模糊匹配列名（如允许'销售额'与'销售金额'合并）"或"指定列索引（如第 3 列、第 5 列）"合并。

数据去重规则：指定去重字段（如"订单编号""身份证号"）或保留重复数据。

例如：

"按完全一致列名合并，重复行仅保留第一条。"

"允许'销量'与'销售量'列合并，合并后统一命名为'销售量'。"

（3）设置输出格式。

文件类型指定输出为 Excel（.xlsx）、CSV 或 PDF 等格式。

工作表命名：自定义合并后的工作表名称，如"合并后销售数据"。

例如：

"生成新 Excel 文件，工作表命名为'年度汇总数据'。"

"输出为 CSV 格式，文件名前缀添加'合并后_'。"

（4）处理特殊数据。

空值处理：说明如何处理空白单元格，如"用'无'填充""删除整行空值"。

数据格式统一：指定字段类型转换（如"将'日期'列统一转为'YYYY/MM/DD'格式"

"'金额'列保留两位小数")。

例如：

"合并时将'日期'列格式统一为'2025-05-31'样式，空值用'未填写'标注。"

2. 进阶优化技巧

（1）添加数据筛选条件。

在合并前对数据进行预处理，如"仅合并'分公司1'Sheet中'销售额>10 000'的数据""排除'状态'列为'无效'的行"。

例如：

"先筛选'各分公司销售额'文件中'地区'为'华北'的Sheet，再按列名合并。"

（2）指定合并方向。

纵向合并（追加行）：适用于多表结构相同的情况，如"将月度数据Sheet按时间顺序纵向合并为年度表"。

横向合并（追加列）：适用于多表需要按关键字段关联的情况，如"按'客户ID'横向合并'客户信息表'与'订单表'"。

例如：

"纵向合并'一季度''二季度''三季度'Sheet，保留所有行数据。"

"横向合并'员工档案表'与'绩效表'，关联字段为'工号'。"

（3）添加数据校验规则。

要求AI在合并后自动检查数据逻辑，如"验证'数量 × 单价 = 金额'是否成立""检查'日期'列是否存在未来时间"。

例如：

"合并后校验'库存数量'是否为非负数，错误行标注'数据异常'。"

（4）批量处理参数。

若需要处理多个文件，则可设置批量规则，如"将文件夹内所有以'销售'开头的Excel文件按相同列名合并""对每个Sheet生成独立的合并报表"。

例如：

"批量合并当前目录下的所有Excel文件，每个文件生成一个合并表并保存为同名文件。"

数据合并注意事项

1. 避免列名歧义

合并前确认各Sheet列名唯一性，若存在同名不同义字段（如"利润"列可能包含"毛利润""净利润"），则需要提前重命名或指定合并逻辑。

2. 注意数据量限制

超大文件（单表数据超10万行或多表总数据量过亿）可能导致处理超时，建议分批次合并或先压缩数据（如删除冗余列）。

3.校验合并结果

下载后需要核对合并后数据行数（应等于各表行数之和）、字段完整性及格式一致性，避免因 AI 误判导致数据丢失。

4.敏感数据处理

涉及个人信息、财务数据等敏感内容时，建议先在本地脱敏（如隐藏身份证后四位）再上传，确保数据安全。

任务五　应用豆包进行编程

任务要求

使用豆包官网的"AI 编程"功能，自动生成一个可运行的五子棋游戏程序代码。预览、调试并下载生成的程序，最终在本地运行该游戏。

（1）进入豆包官网的"AI 编程"界面。

（2）选择"五子棋游戏"模板，等待 AI 生成游戏代码。

（3）在豆包平台提供的预览窗口中运行游戏，测试基本功能（如落子、胜负判定等）。

（4）确保无问题后，将程序下载到本地。

任务实现

（1）进入豆包官网，单击"AI 编程"按钮，选择"五子棋游戏"选项，如图 5-39 所示。

图 5-39　选择"五子棋游戏"选项

（2）等待 AI 生成游戏程序代码，如图 5-40 所示。

（3）程序生成后，可以在预览中调试运行效果，如图 5-41 所示。

图 5-40　等待 AI 生成游戏程序代码　　　　图 5-41　在预览中调试运行效果

（4）单击"下载"按钮，可以下载游戏，如图 5-42 所示。

提示：将程序下载到本机后，用浏览器打开，运行程序。

图 5-42　单击"下载"按钮

（5）下载完成后，单击"在文件夹中显示"按钮，如图 5-43 所示。

提示：可以在文件夹中用浏览器打开，进行程序调试。

图 5-43　单击"在文件夹中显示"按钮

🔅 知识链接

AI 编程技术应用

当前主流 AI 编程技术（如豆包 AI 编程功能）主要基于代码生成模型、模板化框架引擎、跨语言编译适配等技术架构。

（1）代码生成模型：基于 CodeGPT 等深度学习模型，解析自然语言需求并生成对应编程语言的可执行代码。

（2）模板化框架引擎：内置游戏开发、工具脚本、数据处理等场景的标准化代码模板（如"五子棋游戏"模板包含棋盘渲染、落子逻辑、胜负判定模块）。

（3）跨语言编译适配：支持生成 Python、JavaScript、Java 等多语言代码，并自动适配不同运行环境（如浏览器、本地 IDE）。

游戏开发提示词应用技巧

使用豆包进行游戏编程时，提示词需要明确游戏类型、交互逻辑、视觉风格及技术细节，确保生成的代码符合预期。

1. 基础技能

（1）指定游戏类型与玩法。

明确游戏品类（如策略类、解谜类、棋牌类）及核心玩法规则，如"生成回合制卡牌对战游戏""制作第一人称射击游戏 Demo"。

例如：

"开发一款 2D 横版跳跃游戏，主角可跳跃、射击，目标是收集金币并避开障碍物。"

"生成双人对战的坦克大战游戏，支持键盘操控移动与发射炮弹。"

（2）定义交互逻辑。

交互方式：如说明键盘按键、鼠标点击、触摸屏手势等。

游戏流程：如描述开始条件、结束条件、关卡逻辑、胜负判定规则等。

2. 进阶优化技巧

在基础玩法上增加创新机制，如"五子棋游戏加入悔棋功能""支持联机对战模式""添加 AI 对战难度选择"等。

例如：

"生成带存档功能的五子棋游戏，可保存当前对局进度并重新加载。"

"增加双人热座模式，通过键盘左右分区控制两名玩家。"

任务六　应用豆包智能体学习写诗

任务要求

通过豆包的"唐风诗韵"智能体,学习唐代诗歌的格律、押韵等创作知识,利用智能体进行唐诗创作实践,生成符合要求的古典诗歌。

(1)访问 AI 智能体功能。

(2)在"创作"选项卡中找到并选择"唐风诗韵"智能体。

(3)通过预设问题(如"五律如何押韵?")向智能体提问,得到智能体提供的解答。

(4)进行诗歌创作实践,输入具体的创作指令,如"以春风为题,写一首五律",提交后获取智能体生成的完整诗作。

(5)尝试不同主题、不同格律的创作要求,研究 AI 智能体在诗作的格律、对仗、意象运用等方面的特点。

任务实现

(1)进入豆包官网,在"更多"中选择"AI 智能体"选项,如图 5-44 所示。

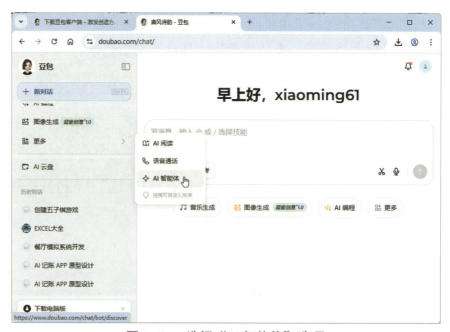

图 5-44　选择"AI 智能体"选项

（2）单击"创作"选项卡，单击其中一个卡片，如单击"唐风诗韵"卡片，如图5-45所示。

图5-45 单击"唐风诗韵"卡片

（3）进入"唐风诗韵"智能体，可以单击其中一些提示问题，进行"唐风诗韵"相关知识的学习。例如，单击"五律如何押韵？"向AI平台进行提问，如图5-46所示。

图5-46 向AI平台进行提问

（4）提问后得到相关答案，如得到"五律如何押韵？"的相关答案，如图5-47所示。

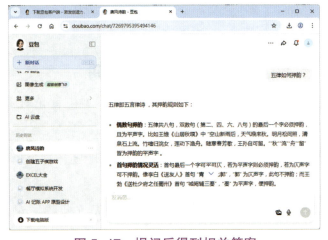

图5-47 提问后得到相关答案

（5）也可以输入提示词，提出创作要求，让智能体进行诗的创作。例如，输入提示词"以春风为题，写一首五律"，提交给智能体进行创作，如图5-48所示。

图5-48 输入提示词"以春风为题，写一首五律"

（6）得到一首智能体创作的诗，如图5-49所示。

提示：我们可以向智能体提出更多的不同主题的创作要求，学习智能体创作的诗，提升自己的创作水平。

图5-49 得到一首智能体创作的诗

 知识链接

AI 诗歌创作技术应用

当前AI诗歌创作技术（如豆包"唐风诗韵"智能体）主要依托自然语言处理（NLP）技术、诗歌格律知识库、文本生成模型三大核心架构。

（1）自然语言处理技术：通过Transformer架构解析用户指令，理解诗歌主题、体裁等创作需求。

（2）诗歌格律知识库：内置唐诗格律规则库（如平仄、押韵、对仗要求），以及唐诗经典意象、典故数据库。

（3）文本生成模型：采用基于深度学习的生成式预训练模型，模拟古典诗歌的语言风格与创作逻辑。

古典诗歌创作提示词应用技巧

使用豆包智能体进行诗歌创作时，提示词需要精准表达体裁、主题、风格等方面的要求，以获得高质量诗作。

1. 基础技能

（1）明确诗歌体裁。

指定具体诗体（如五绝、七律、七言绝句、乐府诗等），可结合字数、句数要求细化。

例如：

"写一首五言绝句。"

"创作一首押平水韵的七言律诗。"

（2）描述创作主题。

清晰界定诗歌核心内容，可具象化场景、情感或意象。

例如：

"以'思乡'为主题，描绘月夜下的故园景象。"

"围绕'边塞风光'，体现戍边将士的孤寂与豪情。"

（3）指定风格特征。

融入唐诗流派特色（如边塞诗派、山水田园诗派），或特定诗人风格。

例如：

"模仿王维山水诗的空灵意境。"

"采用李贺诗歌的奇幻瑰丽风格。"

（4）提出格律要求。

说明押韵规则（如押平水韵某韵部）、平仄格式、对仗要求等。

例如：

"押《平水韵》上平一东韵，颔联和颈联需要严格对仗。"

"按照仄起仄收式五律的平仄格式创作。"

2. 进阶优化技巧

（1）添加意象元素。

融入典型古典意象（如明月、寒鸦、孤舟等），增强诗歌画面感。

例如：

"以'秋雨'为主题，加入梧桐、残荷、雁阵等意象。"

"在咏梅诗中融入冰雪、疏影、暗香等元素。"

人工智能通识与应用

（2）设定情感基调。

明确诗歌传递的情绪（如悲怆、旷达、闲适等）。

例如：

"创作一首表达壮志未酬的悲壮七律。"

"写一首恬淡闲适的田园五绝。"

（3）化用经典名句。

借鉴唐诗名句或典故进行创新改写。

例如：

"化用'海上生明月'，创作一首怀远主题的五律。"

"结合'大漠孤烟直'的意境，描写现代边塞风光。"

（4）指定创作视角。

限定诗人身份或观察角度，丰富诗歌叙事性。

例如：

"以游子视角写一首表达羁旅愁思的七绝。"

"模拟戍边士兵口吻创作边塞诗。"

任务七　应用豆包创建自己的智能体

⑧ 任务要求

使用豆包平台的"创建 AI 智能体"功能，打造一个具有唐代诗人特质的 AI 智能体，完成智能体的基础配置，包括名称、身份设定和形象设计，测试并验证创建的智能体的功能。

（1）登录豆包官网，进入"AI 智能体"功能模块。

（2）使用"创建 AI 智能体"功能创建一个智能体。智能体的基础信息配置：智能体名称是"一名诗人"，智能体描述是"你是一名来自唐朝的诗人，对唐诗创作具有丰富的经验"。

（3）使用 AI 生成智能体的头像。

（4）通过预设问题测试智能体。

（5）提出新的唐诗相关问题验证其功能。

⑧ 任务实现

（1）进入豆包官网，选择"AI 智能体"选项，单击"创建 AI 智能体"按钮，如图 5-50 所示。

116

图 5-50　单击"创建 AI 智能体"按钮

（2）在"名称"文本框中输入"一名诗人"，如图 5-51 所示。

图 5-51　输入"一名诗人"

（3）输入设定描述，如在"设定描述"文本框中输入"你是一名来自唐朝的诗人，对唐诗创作具有丰富的经验"，如图 5-52 所示。

图 5-52　输入设定描述

（4）单击头像上的"+"按钮，选择"AI 生成"选项，准备创建智能体的头像，如图 5-53 所示。

图 5-53　选择"AI 生成"选项

（5）在弹出的"AI 生成头像"对话框中，单击"AI 生成"按钮，如图 5-54 所示。

图 5-54　单击"AI 生成"按钮

（6）等待 AI 完成图像生成，选中自认为合适的一张图，然后单击"选择"按钮，如图 5-55 所示。

图 5-55　单击"选择"按钮

（7）完成头像设计后，单击"创建 AI 智能体"按钮，如图 5-56 所示。

图 5-56 单击"创建 AI 智能体"按钮

（8）"一名诗人"智能体创建完成后，可以单击提示问题进行学习，也可以向智能体提出新的问题，如图 5-57 所示。

图 5-57 "一名诗人"智能体创建完成

 知识链接

AI 智能体创建技术应用

当前 AI 智能体创建技术（如豆包智能体平台）主要基于多模态交互引擎、角色建模系统、动态响应算法三大技术架构。

（1）多模态交互引擎：支持文本、图像、语音等多形式输入和输出，实现智能体与用户的自然交互。

（2）角色建模系统：通过知识图谱构建智能体身份设定（如时代背景、职业特征、性格特质等），并关联对应知识库。

（3）动态响应算法：基于用户输入实时调用角色知识库，生成符合设定的个性化回答。

智能体角色设定技巧

创建具有特定文化属性的智能体（如唐代诗人）时，需要从身份、知识、风格三个维度精准构建。

1. 基础配置技能

（1）明确身份标签。

时代定位：指定历史时期（如"盛唐""中唐"）或虚构背景（如"长安诗社成员"）。

社会角色：设定职业与身份（如"边塞诗人""宫廷乐师""隐逸文人"）。

例如：

"你是盛唐时期游历四方的山水诗人，曾隐居终南山，擅长以自然意象抒情。"

"设定为中唐新乐府运动参与者，关注民生疾苦，诗作风格质朴刚健。"

（2）构建知识体系。

核心知识库：关联唐诗格律（如平仄规则、押韵要求）、经典诗作、唐代文化常识（如科举制度、服饰器物）。

限制内容：明确排除与时代不符的现代元素（如"避免使用网络用语""不涉及科技概念"）。

例如：

"知识库包含《唐诗三百首》全集、《平水韵》韵部表及唐代长安地理风貌资料。"

"回答中需要避免出现'手机''互联网'等现代词汇，确保语言风格符合唐代语境。"

（3）设计交互风格。

语言特征：指定用词偏好（如"多用'青冥''翠微'等古典词汇""句式遵循五言或七言格律"）。

情感表达：结合角色设定调整语气（如"边塞诗人需要体现豪迈苍凉气概""闺怨诗人需要流露委婉含蓄情感"）。

例如：

"回答时采用文言白话结合的半文半白句式，引用经典诗句时需要标注篇名。"

"面对'思乡'主题的提问，需要以'孤灯''归雁'等意象烘托愁绪，语气低沉婉转。"

2. 进阶优化技巧

（1）添加个性化"彩蛋"。

隐藏设定：赋予智能体特殊经历或技能（如"擅长古琴演奏，诗作常融入乐理元素""曾参与雁塔题名，熟知科举流程"）。

触发机制：设置关键词触发专属回应（如输入"科举"则讲述应试经历，输入"山水"则分享游历故事）。

例如：

"当用户提问'如何创作边塞诗'时，智能体可结合自身戍边经历，分享'大漠沙如雪'的创作灵感来源。"

（2）优化多模态形象。

视觉设计：通过 AI 生成符合时代特征的头像（如"身着圆领袍的唐代文人形象""簪花仕女图风格的女诗人形象"）。

动态元素：添加背景动画或表情符号强化角色感（如"回答时伴随毛笔书写特效""涉及喜悦情绪时显示举杯饮酒表情"）。

例如：

"头像生成提示词：'唐代诗人，身着青衫，手持卷轴，背景为竹林茅庐，水墨渲染风格。'"

📖 项目总结

　　本项目通过任务实践，帮助学生掌握音乐生成提示词设计（情绪／乐器／BPM 控制）、图像生成要素控制（服装迭代／动作序列／参考图优化）、Excel 智能合并（列名匹配／格式统一）、AI 编程中实现五子棋游戏网页、智能体角色建模（唐代诗人设定）等核心技能。

　　通过本项目的学习，学生能独立完成 AI 音乐创作、叙事性图像生成、数据处理、基础编程、诗歌创作等智能应用，理解不同 AI 工具的适用场景与协同工作流程，培养提示词工程思维，掌握"明确需求－生成测试－迭代优化"的智能创作方法论。

📖 拓展任务

拓展任务 1：AI 生成"热带天堂交响诗"——海南旅游多维感官宣传曲

任务主题：融合海南自然声景与民族文化，创作适配旅游宣传的沉浸式音乐。

任务要求：

（1）核心元素设定。

自然音效：分界洲岛海浪白噪声（频率 0.5~2 Hz）、椰林风声（立体声场左右穿梭）。

民族乐器：黎族鼻箫（低音旋律线）、叮咚木琴（高音点缀）、椰胡（中音铺底）。

现代元素：电子合成器模拟"火箭升空"音效（适配文昌航天主题）。

（2）结构框架。

［0:00—0:30］引子：海浪声渐入，叠加黎族童谣采样（无歌词哼唱）。

［0:31—1:30］主歌：尤克里里弹奏《万泉河水清又清》变奏旋律，加入冲浪节拍器（120 BPM）。

［1:31—2:30］副歌：鼻箫主奏 + 电子音效升调，模拟"穿越雨林光束"的动态效果。

［2:31—3:30］尾声：所有声部淡出，保留船型屋内织锦机规律声响。

（3）提交给豆包生成音乐。

音乐成品可命名为"椰风海韵 _ 主题音乐 .wav"。

拓展任务 2：海南旅游元素主题图像生成

通过豆包的图像生成技术创作"海南热带风情"系列图片视觉作品，突出海南自然景观与人文特色。

任务要求：

（1）主题选择与提示词设计。

可选择以下主题（任选其一）进行创作。

海滨度假：分界洲岛玻璃海、亚龙湾沙滩、椰林长廊。

热带雨林：呀诺达热带雨林、五指山云雾、吊罗山溪流。

黎苗文化：船型屋村落、槟榔谷黎锦工坊、三月三节庆。

（2）提示词框架。

"生成一幅海南主题插画，要求包含以下内容。

①场景元素：［具体景点名称］ + ［气候特征，如'云雾缭绕'］ + ［时间，如'黄昏'］。

②人物 / 文化元素：［人物动作，如'孩童追逐'］ + ［服饰细节，如'黎族扎染上衣'］。

③风格要求：［艺术风格，如'新海诚动画质感'］ + ［色彩基调，如'青绿山水色调'］。"

（3）操作步骤提示。

进入豆包"图像生成"功能，选择"精选"选项卡中的空白模板。

输入初始提示词（可以添加一些细节说明，如"海南分界洲岛玻璃海，黄昏，无人物，写实风格"）。

拓展任务 3：生成"椰风海韵"海南风情旅游宣传片

任务要求：

（1）智能文案生成。

使用豆包"帮我写"功能生成双线叙事文案。

主线：以"一粒椰子的一生"为隐喻，串联海南岛生态（椰树生长→椰汁加工→椰壳工艺）。

辅线：插入苏轼《椰子冠》诗词创作故事，体现文化厚度。

示例提示词："生成海南旅游宣传文案，要求包含以下内容。①椰子全生命周期场景；②苏轼在海南的创作故事；③现代冲浪运动画面。"

（2）AI 视频制作。

通过度加创作工具生成宣传视频。

（3）成品输出标准。

将文件保存为"椰风海韵 _ 宣传片 .mp4"。

项目六 数字人创作与应用——从建模到虚拟直播

知识导读

本项目通过五个实践任务，带领学生系统学习 AI 数字人创作与应用技术，涵盖从 2D 图像生成到 3D 虚拟直播的全流程。

任务一至任务二：掌握基于即梦 AI 与豆包平台的数字人视频生成技术，学习古装诗人形象建模、古诗对口型朗读等核心功能，理解多模态合成引擎与动态表情捕捉算法。

任务三至任务五：深入有言 AI 平台，实践 3D 数字人创作（如法律课堂解说、海南旅游宣传），掌握场景化文案优化、智能动作库应用及高分辨率视频导出技术。

本项目旨在通过案例实操，培养学生 AI 驱动的内容创作思维，提升其从数字人建模到应用的全链路能力。

学习目标

一、知识目标

（1）理解多模态合成引擎（文本/图像/语音融合）、动态表情捕捉算法、语音与口型同步模型（TTS+唇形预测）的技术架构。

（2）理解有言的 3D 角色库（2 000 多个预设角色）、动作风格库（50 多种行为模式）及智能运镜系统。

（3）理解场景化文案设计原则（如海南旅游视频需要突出"热带风情""文化符号"）。

二、技能目标

（1）掌握数字人创作全流程，能独立完成"形象设计→动作编排→语音合成→视频渲染"完整链路（如生成海南旅游宣传视频）。

（2）能通过参数调整优化数字人细节（如即梦 AI 中设置"说话速度"，有言中微调"嘴唇宽窄"）。

（3）掌握有言的3D人物编辑功能（配饰添加、面容细节调整、专业模式参数调节）。

三、素养目标

（1）养成"文化IP+AI技术"融合思维（如将黎族文化符号融入数字人服饰）。

（2）理解AI生成内容的版权归属（如数字人形象是否可商用）。

（3）遵循数字人使用伦理（如避免生成误导性虚假信息）。

任务一　应用即梦AI创建数字人

任务要求

通过即梦AI平台完成一个数字人古诗朗读视频的生成与下载，具体步骤如下。

（1）登录即梦AI官网，进入"图片生成"功能模块。

（2）用即梦AI的"图片生成"功能生成一个朗读古诗的古装诗人图片。

（3）用生成的图片生成一个"对口型"朗读古诗的视频。

（4）朗读的内容："白日依山尽，黄河入海流。欲穷千里目，更上一层楼。"并选择合适的朗读音色。

（5）将视频下载保存。

任务实现

（1）登录即梦AI官网，单击"图片生成"按钮，如图6-1所示。

图6-1　单击"图片生成"按钮

（2）在输入框中，输入提示词"画一个朗读古诗的古装诗人"，然后单击"发送"按钮，如图 6-2 所示。

（3）发送后，得到 AI 生成的推荐提示词，然后单击"立即生成"按钮，如图 6-3 所示。

（4）得到一组数字人图片，选择其中一张数字人图片，如图 6-4 所示。

图 6-2 单击"发送"按钮　　图 6-3 单击"立即生成"按钮　　图 6-4 选择其中一张数字人图片

（5）单击"下载"按钮，下载数字人图片，如图 6-5 所示。

图 6-5 单击"下载"按钮

（6）将下载的图片保存在计算机某个文件夹中，保存后的效果如图6-6所示。

图6-6　保存后的效果

（7）单击即梦AI的"数字人"选项卡，选择"对口型"选项，在"角色"选区单击"导入角色图片／视频"按钮，如图6-7所示。

图6-7　单击"导入角色图片／视频"按钮

（8）选中数字人图片，单击"打开"按钮，进行图片上传，如图6-8所示。

图6-8　进行图片上传

（9）在"文本朗读"中输入朗读的内容文字。

登鹳雀楼

白日依山尽，黄河入海流。
欲穷千里目，更上一层楼。

然后，选择朗读音色，如图6-9所示。

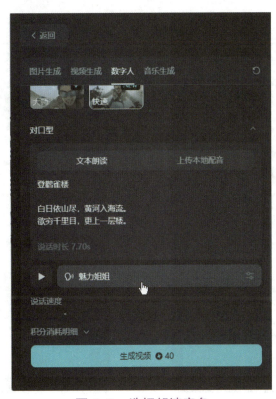

图6-9　选择朗读音色

（10）选择一种新的朗读音色，如选择"阳光青年"音色，如图 6-10 所示。

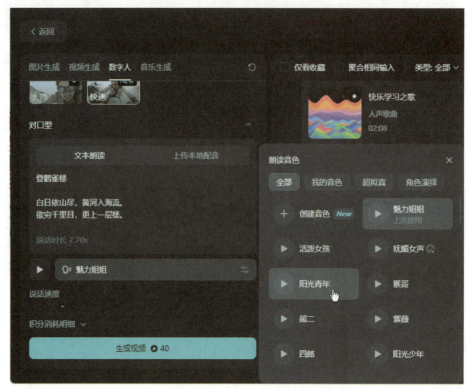

图 6-10　选择"阳光青年"音色

（11）设置说话速度，如图 6-11 所示。

（12）设置完成后，单击"生成视频"按钮，如图 6-12 所示。

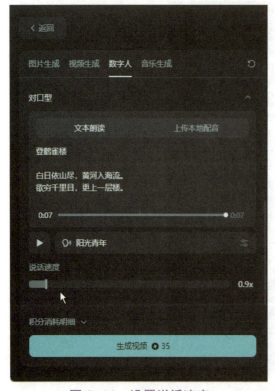

图 6-11　设置说话速度

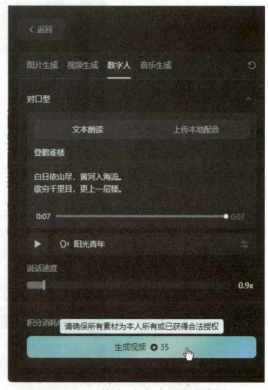

图 6-12　单击"生成视频"按钮

（13）预览生成后的视频，也可以单击"下载"按钮，将视频下载到本地，如图 6-13 所示。

图 6-13　单击"下载"按钮

 知识链接

对口型的数字人技术

对口型的数字人视频依托先进的 AI 技术，实现了人物唇部运动与音频的精准同步，同时结合动态表情捕捉和语音驱动动画生成技术，使数字人的说话表现更加自然生动。数字人视频有高分辨率、真实感、时间一致性、支持多语言与多风格等优势。

（1）高分辨率与真实感。

克服传统扩散模型对硬件要求高的局限，可生成高分辨率视频，捕捉与情感语调相关的细微表情，使视频更加真实、富有感染力。

（2）时间一致性增强。

有效解决扩散模型不同帧间扩散过程不一致导致的时间一致性问题，减少视频闪烁，使视频播放连贯流畅。

（3）支持多语言与多风格。

支持多种语言和风格的内容创作，满足不同用户、不同场景下的创作需求。

即梦 AI 的"数字人"功能结合了计算机视觉、语音识别和自然语言处理技术，实现数字人的视频合成。

对口型技术通过分析输入的文本内容，结合语音合成技术生成对应的语音，并驱动数字人的口型与语音同步。

任务二　应用豆包生成数字人

任务要求

　　使用豆包平台的视频生成功能，创建一个古装诗人形象的数字人视频，视频内容需要包含古诗《登鹳雀楼》的朗诵展示，完成视频的生成、预览和下载保存。

　　（1）登录豆包官网，执行"视频生成"命令。

　　（2）输入明确的视频描述提示词。

生成一个数字人，古装诗人，正在朗读古诗：

登鹳雀楼

白日依山尽，黄河入海流。

欲穷千里目，更上一层楼。

　　（3）生成视频，预览生成的视频效果，并将视频保存至本地。

任务实现

　　（1）进入豆包官网，单击"新对话"按钮，在对话输入框下单击"更多"按钮，然后单击"视频生成"按钮，如图 6-14 所示。

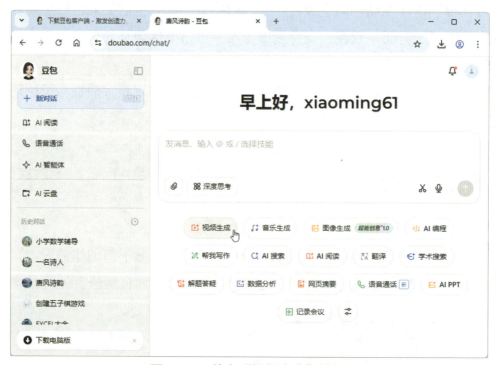

图 6-14　单击"视频生成"按钮

（2）输入生成视频的提示词。

生成一个数字人，古装诗人，正在朗读古诗:

登鹳雀楼

白日依山尽，黄河入海流。

欲穷千里目，更上一层楼。

输入提示词后即可提交，如图 6-15 所示。

图 6-15　输入生成视频的提示词并提交

（3）等待 AI 生成视频，如图 6-16 所示。

图 6-16　等待 AI 生成视频

131

（4）可以预览视频效果，或单击"下载"按钮，下载视频，如图 6-17 所示。

图 6-17　单击"下载"按钮

（5）下载后的视频为 mp4 格式，在下载列表中单击"在文件夹中显示"按钮，即可在文件夹中显示视频，如图 6-18 所示。

图 6-18　单击"在文件夹中显示"按钮

　知识链接

AI 数字人生成技术应用

当前 AI 数字人生成技术（如豆包"视频生成"功能）主要依托多模态合成引擎、动态表情捕捉算法、语音与口型同步模型三大核心技术架构。

（1）多模态合成引擎：融合文本、图像、语音数据，生成具有人物形象、动作、背景的动态视频。

（2）动态表情捕捉算法：基于情感分析生成对应面部表情（如朗诵时的抑扬顿挫匹配眼神、眉形变化）。

（3）语音与口型同步模型：通过TTS（Text To Speech，从文本到语音）技术生成朗诵音频，并驱动数字人口型精准同步。

古诗朗诵数字人提示词应用技巧

使用豆包生成古装诗人数字人视频时，提示词需要精准控制人物形象、场景氛围、朗诵表现三要素。

（1）明确人物形象。

时代特征：指定朝代服饰（如"唐代圆领袍衫""宋代襕衫""明代直裰"）及配饰（如"幞头""纶巾""玉簪"）。

外貌特征：描述年龄、体型、面部特征（如"中年文人，长髯飘飘，面容清癯""青年诗人，剑眉星目，气宇轩昂"）。

例如：

"生成唐代诗人形象，身着青色交领襦裙，外搭白色半臂，头戴软脚幞头，手持竹简。"

"设定为宋代女词人，梳高髻插玉步摇，着淡紫色褙子，姿态温婉端庄。"

（2）构建场景氛围。

背景元素：选择符合诗意的环境（如"鹳雀楼远景，黄河奔流，落日余晖""竹林雅室，案头摆笔墨纸砚"）。

光影色调：指定画面色调（如"暖金色夕阳氛围""青绿色水墨风格"）及光线方向（如"侧逆光勾勒人物轮廓"）。

例如：

"背景为鹳雀楼二层，窗外可见白日依山、黄河入海，画面采用黄昏暖色调，人物轮廓镀金色光晕。"

"室内场景，纱幔轻垂，案头燃香，光线透过窗棂形成斑驳投影，整体色调古朴雅致。"

（3）设计朗诵表现。

语音参数：指定音色（如"醇厚男声""清亮女声""童声"）、语速（如"中速顿挫""慢速抒情"）及情感（如"豪放洒脱""深沉含蓄"）。

肢体动作：描述手势、站姿等细节（如"双手负于身后，随诗句平仄微微摇头""手持书卷，指节轻叩纸面强调重音"）。

例如：

"语音采用低沉醇厚的男声，语速稍慢以体现雄浑意境，朗诵'更上一层楼'时右手挥动向远方，眼神坚毅。"

"女诗人手持团扇，朗诵'欲穷千里目'时轻抬扇面半遮面，尾字拖腔伴以蹙眉远眺的动作。"

任务三　应用有言创作 3D 数字人视频

任务要求

通过有言平台完成一个法律课堂视频的创作、生成与下载，具体步骤如下。

（1）使用有言官网的"AI 创作"功能进行视频创作。

（2）视频的屏幕方向选择横屏。

（3）场景选择"黑调简约办公室"。

（4）用"AI 帮我写"功能创作爆款法律课堂内容运营方案。

（5）设置视频的名称并导出生成的视频文件。

任务实现

（1）进入有言官网首页，单击"AI 创作"按钮，如图 6-19 所示。

（2）在"自由创作"界面可以选择横屏或竖屏，如选择横屏，如图 6-20 所示。

图 6-19　单击"AI 创作"按钮

图 6-20　选择横屏

（3）选择其中一个场景。例如，选择"黑调简约办公室"场景，如图6-21所示。

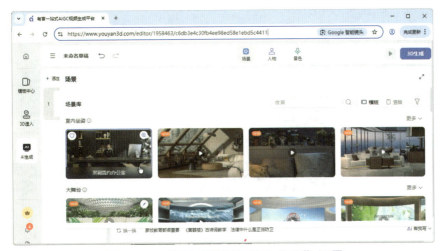

图6-21 选择"黑调简约办公室"场景

（4）单击"帮我写"按钮，如图6-22所示。

图6-22 单击"帮我写"按钮

（5）在"AI帮我写"列表中，选择"创作爆款法律课堂内容"选项，如图6-23所示。

图6-23 选择"创作爆款法律课堂内容"选项

（6）在"AI帮我写"的帮助下，得到一篇法律课堂账号的运营方案，单击向下的箭头，移至方案文字的底部，如图6-24所示。

图6-24　单击向下的箭头

（7）单击"保存并应用"按钮，如图6-25所示。

图6-25　单击"保存并应用"按钮

（8）单击"3D生成"按钮，如图6-26所示。

图6-26　单击"3D生成"按钮

（9）等待视频生成，如图 6-27 所示。

图 6-27　等待视频生成

（10）在左上角设置视频的名称，如设置视频名称为"法律知识"，如图 6-28 所示。

图 6-28　设置视频名称为"法律知识"

（11）单击"导出"按钮，如图 6-29 所示。

图 6-29　单击"导出"按钮

（12）在弹出的"导出至个人空间"对话框中，单击"分辨率"右侧的下拉按钮，选择导出视频文件的分辨率，如选择"540 P 流畅"选项，如图 6-30 所示。

图 6-30　选择"540 P 流畅"选项

（13）设置完成后，单击"确认"按钮，如图 6-31 所示。

图 6-31　单击"确认"按钮

（14）导出完成后，可以单击"下载"按钮，将视频下载至本地，如图 6-32 所示。

图 6-32　单击"下载"按钮

（15）下载完成后，单击"在文件夹中显示"按钮，可以在文件夹中显示下载后的视频文件，如图6-33所示。

图6-33 单击"在文件夹中显示"按钮

知识链接

有言作为一款原生3D内容AIGC产品，在3D数字人视频创作领域展现出显著优势。

有言的核心功能

1. 海量3D虚拟角色库

有言提供超2 000个高质量超写实3D数字人角色，涵盖商务、休闲、历史人物等多种风格，支持自定义发型、妆容、服装及配饰，满足个性化需求。

数字人动作自然流畅，支持超50种动作风格（如带货达人、演说家等），表情生动逼真，细节表现力强。

2. 一键生成3D内容

基于AIGC技术，用户输入文字即可生成包含场景、运镜、动画和声音的完整3D视频，无须拍摄和真人出镜，大幅降低创作门槛。

有言支持多语言创作，涵盖全球100多个语种及10余种特色方言（如粤语、四川话等），音色自然逼真，支持实时试听和调整。

3. 智能编辑与后期包装

有言提供智能镜头剪辑、素材编辑和后期包装工具，支持字幕、音效、配乐等元素的灵活添加，提升视频整体质感。

有言支持视频片段重组、音效填充和特效添加，方便用户手动调整镜头时长、角度和景别，从而实现精细化创作。

有言的技术特点

1. 高效的创作流程

用户只需要3步即可完成视频创作。

（1）选择场景和角色。

（2）生成脚本。

（3）一键生成 3D 视频。

2. AI 生成脚本

平台提供 AI 生成脚本功能，用户输入关键词即可快速生成解说稿，并可以进行自定义优化。

3. 多场景适配

有言覆盖品牌推广、社媒运营、产品营销、企业内训、广电传媒、知识分享、K12 教育、电商、本地生活等 12 大行业场景。

4. 多比例选择

有言支持横屏、竖屏、舞台等多比例选择，满足不同平台的发布需求。

任务四　应用有言编辑 3D 人物

🎯 任务要求

在有言平台上创建一个数字人。

（1）进入有言官网首页，使有"3D 数字人"功能。

（2）更换默认的场景，为数字人设置一种新的背景环境。

（3）选择"胸像"模式，挑选一种合适的套装。

（4）选择一种喜欢的发型和"阳光男孩"妆容。

（5）选择"宽国字脸"面容，将成品保存在"我的人物"栏中。

🎯 任务实现

（1）进入有言官网首页，单击顶部的"首页"选项卡，选择其中一个数字人，单击"编辑人物"按钮，如图 6-34 所示。

提示：若选择其他数字人，则可以单击顶部的"3D 数字人"选项卡。

图 6-34　单击"编辑人物"按钮

（2）单击人物右上角的"更多"按钮，如图6-35所示。

图6-35　单击人物右上角的"更多"按钮

（3）在"更多"下方的选项中，更换一种场景，如图6-36所示。

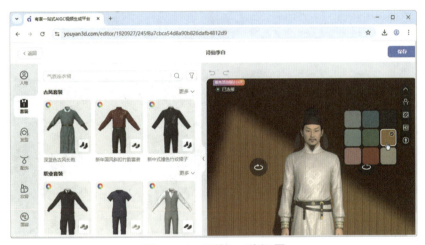

图6-36　更换一种场景

（4）在"更多"下方的选项中，选择"胸像"选项，如图6-37所示。在左侧"套装"栏的选项中，选择一种套装。

图6-37　选择"胸像"选项

（5）在左侧"发型"栏的选项中，选择一种发型，如选择"商务偏分短寸"如图6-38所示。

图 6-38 选择"商务偏分短寸"

（6）在左侧"妆容"栏的选项中，选择一种妆容，如选择"阳光男孩"，如图6-39所示。

图 6-39 选择"阳光男孩"

（7）在左侧"面容"栏的选项中，选择一种面容，如选择"宽国字脸"，完成后单击"保存"按钮，完成数字人的保存，如图6-40所示。

提示：保存后的人物，在"我的人物"中可以查看和使用。

图 6-40 选择"宽国字脸"并保存

（8）在左侧"人物"栏中，可以显示已保存的人物，如图 6-41 所示。

图 6-41 显示已保存的人物

🔵 **知识链接**

除任务中用到的编辑功能外，其实有言平台的 3D 数字人编辑功能还可以通过高度模块化的设计，实现从外貌细节到行为模式的全维度自定义。学生只有了解了配饰、面容等细节应用功能，才能更全面地掌握数字人编辑技能。

1. 配饰编辑

配饰编辑包括耳饰和眼镜设置，如图 6-42 所示。

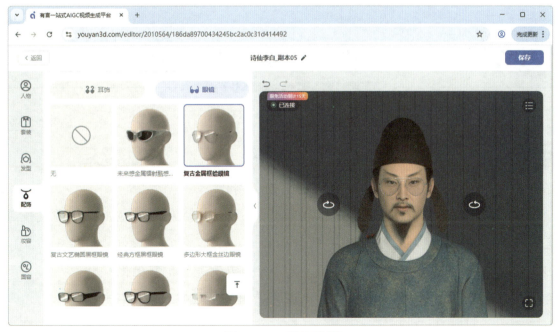

图 6-42 配饰编辑

2. 面容细节编辑

面容细节编辑不仅有脸型，还包括眉毛、眼睛、鼻子、嘴唇、耳朵等细节的编辑。各种编辑可以通过简洁模式和专业模式进行，通过具体的参数调整，用户可以达到所想即所得的设计效果。

以嘴唇细节编辑为例，进入简洁模式后，用户可以通过设置大小、宽窄、上下、前后、颌面关系等参数，实现更多细节的设置。参数设置页面如图 6-43 所示。

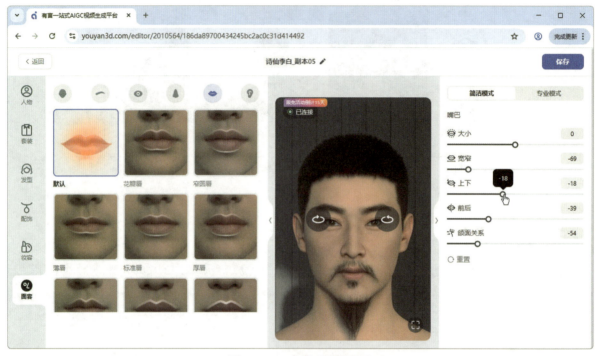

图 6-43 参数设置页面

任务五 应用有言制作 3D 数字人解说海南旅游宣传视频

任务要求

通过有言平台完成海南旅游宣传视频的自动化制作。

（1）进入"AI 创作"模块，选择横屏画幅，从场景库中检索并应用"热带风情海滩空间"主题场景。

（2）通过 AI 文本工具对"海南旅游宣传"原始文案进行扩写优化。

（3）为平台预设 3D 人物模型，最终生成并导出高清数字人解说视频。

任务实现

（1）进入有言官网首页，单击顶部的"首页"选项卡，单击"AI 创作"按钮，如图 6-44 所示。

图 6-44　单击"AI 创作"按钮

（2）选择"横屏"，如图 6-45 所示。

图 6-45　选择"横屏"

（3）单击"场景"按钮，如图 6-46 所示。

图 6-46　单击"场景"按钮

（4）在搜索框中输入"旅游"进行搜索，搜索完成后，在场景库中会查看到与搜索内容匹配的结果，单击其中的场景，即可将场景应用到视频中，如单击"热带风情海滩空间"场景，如图 6-47 所示。

图 6-47　单击"热带风情海滩空间"场景

（5）在对话输入框中输入"海南旅游宣传"，然后单击"文本优化"按钮，如图 6-48 所示。

图 6-48　单击"文本优化"按钮

（6）单击"扩写"按钮，如图 6-49 所示。

提示：文本优化的方式包括 AI 对话、改进表达、风格化改写、扩写、缩写、翻译等。

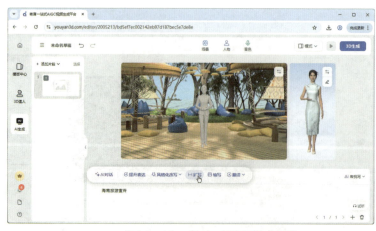

图 6-49　单击"扩写"按钮

（7）扩写完成后，单击"替换原文"按钮，如图 6-50 所示。

图 6-50　单击"替换原文"按钮

（8）扩写后的文案替换了对话输入框内的文本，如图 6-51 所示。

图 6-51　扩写后的文案替换了对话输入框内的文本

（9）单击"替换人物"按钮，如图 6-52 所示。

图 6-52　单击"替换人物"按钮

（10）选择其中一个合适的人物，可以单击"预览"按钮进行预览，如图 6-53 所示。

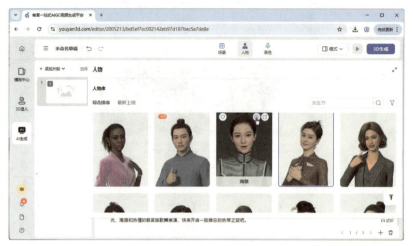

图 6-53　单击"预览"按钮

（11）若对预览效果满意，则可单击"应用"按钮，如图 6-54 所示。

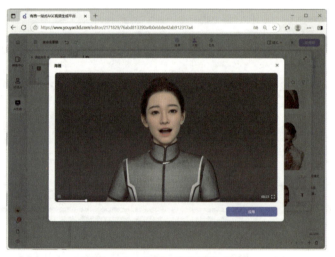

图 6-54　单击"应用"按钮

（12）单击"3D 生成"按钮，如图 6-55 所示。

图 6-55　单击"3D 生成"按钮

（13）等待 3D 数字人视频生成，如图 6-56 所示。

图 6-56　等待 3D 数字人视频生成

（14）将视频文件名设置为"海南旅游宣传"，如图 6-57 所示。

图 6-57　将视频文件名设置为"海南旅游宣传"

（15）视频生成后，可单击"导出"按钮，如图 6-58 所示。

图 6-58　单击"导出"按钮

（16）在"导出至个人空间"对话框中，确定视频名称、分辨率、格式等的设置，然后单击"确认"按钮，如图 6-59 所示。

图 6-59   单击"确认"按钮

（17）等待视频合成，如图 6-60 所示。

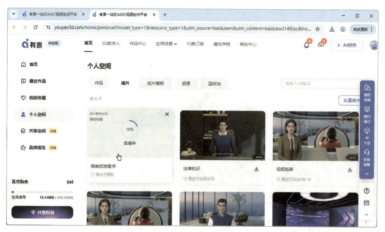

图 6-60   等待视频合成

（18）视频合成完成后，在"个人空间"界面单击"下载视频"按钮即可下载合成完成的视频文件，如图 6-61 所示。

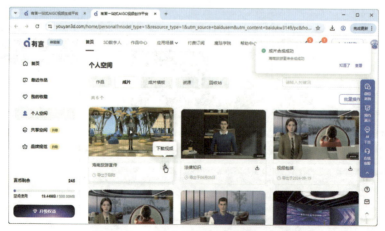

图 6-61   单击"下载视频"按钮

知识链接

有言平台的文本优化功能通过六大核心技术实现文案的智能化创作与适配。

1. AI 对话式交互生成

技术原理：基于深度学习的对话系统，通过多轮语义交互捕捉用户隐性需求。

例如，当用户输入"海南好玩"时，AI 会追问"您想突出自然景观还是人文体验？目标受众是家庭游客还是背包客？"

2. 表达力增强引擎

技术原理：通过情感计算模型分析文本情感曲线，自动替换低频词汇并优化句式结构。

例如，将"海滩漂亮"转化为"亚龙湾的珊瑚砂在阳光下如碎钻般闪耀，海浪声中带着热带花香的气息"；将"海鲜好吃"改写为"万宁渔港现捕石斑鱼，在炭火上被烤出焦糖色，滴落柠檬汁时发出'滋啦'的幸福声响"；将"雨林茂密"优化为"五指山热带雨林中，千年榕树的气生根如绿色瀑布从 40 米高空垂落"。

3. 风格化改写系统

技术原理：采用风格迁移网络匹配目标语体，可一键切换为官方解说体、网红种草体、学术科普体等。

例如，将"海南岛属热带气候"转化为"在北纬 18° 的阳光 SPA 中，让年均 25 ℃ 的温柔海风唤醒你的多巴胺"。

4. 智能扩写与精简

技术原理：基于知识图谱的上下文推理引擎，在保持逻辑连贯的前提下扩展细节或提炼核心。

例如，将"五指山"扩写为"穿越云雾的海南屋脊，黎族传说中天神遗落的翡翠指环，徒步可遇见桫椤群与瀑布彩虹"。

5. 多模态翻译矩阵

技术原理：结合语音合成标记语言，实现从文本到多语言字幕的自动适配，支持方言 / 外语及语气词标注。

例如，可以将"椰风海韵"翻译为英文、俄文或海南话。

📖 项目总结

本项目通过任务实践，帮助学生掌握以下核心技能与知识。

1. AI 数字人创作矩阵

（1）从 2D 对口型视频（即梦 AI）到 3D 原生内容（有言）的全技术栈覆盖。

（2）熟练运用多模态合成引擎生成符合场景需求的数字人（如法律课堂、旅游宣传）。

2. 智能文本与动作适配

（1）通过 AI 文本工具优化解说词，结合智能动作库实现"文案 - 语音 - 动作"三同步。

（2）掌握表情驱动技术（如朗诵激情段落时数字人自动增大手势幅度）。

3. 行业场景化应用

能针对不同领域（教育 / 文旅 / 电商）定制数字人解决方案（如海南旅游视频）。

4. 能力提升

（1）能独立策划并执行 AI 数字人项目（如企业代言人、虚拟客服）。

（2）能优化数字人交互细节（如调整语音、语调匹配目标受众年龄层）。

拓展任务

拓展任务 1：黎族文化数字人创作

用豆包 + 即梦 AI 生成黎族非遗传承文化数字人视频。

任务要求：

（1）按以下要求提交给即梦 AI 生成 3D 数字人图片。

外观特征：黎族润方言女性形象，发饰镶嵌甘工鸟纹银饰，服饰为龙被织锦改良款。

（2）用豆包写作一段"黎族文化知多少"主题的文案，形成数字人诵读的文案内容。

（3）运用以上生成的 3D 数字人图片和文案内容，交给即梦 AI 生成对口型数字人视频。

拓展任务 2：三亚湾旅游解说数字人创作

用豆包 + 即梦 AI 生成三亚湾旅游解说数字人视频。

任务要求：

（1）用豆包生成三亚湾旅游解说的文案内容，300 字以内，内容需要包含三亚湾地理特色、必体验项目、生态保护提示。

（2）用即梦 AI 生成 3D 数字人。

（2）运用以上生成的 3D 数字人图片和文案内容，交给即梦 AI 生成对口型数字人视频。

项目七 文心智能体——初探AI技能的创业实践

知识导读

本项目将通过三个实践任务，带领学生系统学习文心智能体平台的使用与智能体创建的核心技术。

任务一：带领学生完成对文心智能体平台主要功能的探索，掌握文心智能体的基本操作，了解平台的核心模块及其应用方式。

任务二：带领学生学习使用"做同款"功能快速复制并发布一个现有的智能体，实现智能体的基本配置和保存，并选择合适渠道发布。

任务三：带领学生实践通过预设模板快速创建并自定义一个智能体，包括基础配置、个性化修改，以及智能体的创建和保存。

本项目旨在通过案例实操，培养学生创建与管理智能体的技能，提升其智能体开发与应用的能力。

学习目标

一、知识目标

（1）理解文心智能体平台的核心优势与功能，包括零代码/低代码开发模式、文心大模型4.0免费开放、全场景流量分发、丰富工具与插件生态等。

（2）理解智能体的定义、优势和劣势，了解其适用场景与推荐策略。

（3）理解智能体发布在公众号的用途及注意事项。

二、技能目标

（1）掌握文心智能体平台的基本操作，包括访问平台官网、熟悉界面布局、浏览各模块内容等。

（2）掌握使用"做同款"功能快速创建智能体的技能，包括选择目标智能体、完成基本配置和保存、选择发布渠道等。

（3）掌握通过预设模板快速创建并自定义智能体的技能，包括选择合适的预设模板、进行个性化修改、完成智能体的创建和保存等。

（4）掌握智能体的编辑与管理技能，包括基础配置、高级配置、数字形象与声音配置、测试与调优、发布与管理等。

三、素养目标

（1）养成使用文心智能体平台进行智能体开发与应用的良好习惯，提升代码可读性和项目管理能力。

（2）关注智能体在不同应用场景下的价值优势及发展趋势。

任务一　开启智能体创业第一步：熟悉文心智能体平台

任务要求

完成对文心智能体平台主要功能的探索，掌握其基本操作，了解平台的核心模块及其应用方式。

（1）访问并登录文心智能体平台官网，熟悉平台页面布局。

（2）浏览"智能体商店"模块，查看热门智能体示例及其访问数据。

（3）探索"插件商店"功能，学习插件的收藏与管理方法。

（4）了解"我的插件""我的知识库""我的工作流""我的收益"等模块操作环境。

（5）访问"成长中心"，尝试学习平台提供的开发课程和激励任务。

任务实现

（1）在搜索网站搜索"文心智能体平台"，找到"文心智能体平台"官网，单击文心智能体平台名称，即可进入该智能体平台官网，如图7-1所示。

图 7-1　找到文心智能体平台官网

（2）登录后，进入"文心智能体平台"主页，左侧是导航栏，右侧是对应导航栏展示的主体内容，如图 7-2 所示。

图 7-2　进入"文心智能体平台"主页

提示：左侧导航栏包括创建智能体、智能体商店、插件商店、我的智能体、我的插件、我的知识库、我的工作流、我的收益等项目。

（3）单击"智能体商店"导航，可以看到许多他人创建的智能体，包括每个智能体的名称、简介、主人账号、访问量等，如图 7-3 所示。

图 7-3　看到许多他人创建的智能体

提示：一个高访问量的智能体才能够创造较多的收益。

（4）单击"插件商店"导航，可以看到各类插件，包括每个插件的名称、简介、创建人、热度等。对于自己喜欢的插件，可以单击"收藏"按钮进行收藏，在后续使用中可以更容易找到，如图7-4所示。

提示：用户可以创建自己领域内的知识库，用于创建智能体。

图7-4　看到各类插件

（5）单击"我的插件"导航，可以看到自己创建的插件，若要创建自己的插件，则可以单击右下角的"新建插件"按钮，如图7-5所示。

图7-5　看到自己创建的插件

（6）单击"我的知识库"导航，可以看到自己的知识库列表，如图7-6所示。

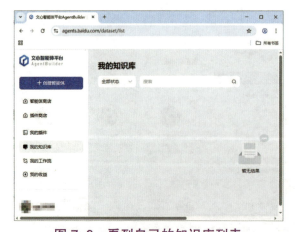

图7-6　看到自己的知识库列表

（7）单击"我的工作流"导航，可以看到自己的工作流列表，如图7-7所示。

提示：用户可以创建自己的工作流。

图7-7　看到自己的工作流列表

（8）单击"我的收益"导航，可以看到自己的预估累计收益及收益趋势，如图7-8所示。

图7-8　看到自己的预估累计收益及收益趋势

（9）单击服务空间的"成长中心"，可以查看许多成长激励任务，也可以看到智能体开发系列课程，如图7-9所示。

提示：对于智能体新手，可以跟进"成长中心"的成长激励任务，在完成任务过程中，逐步掌握智能体创业技能，也可以通过学习"智能体开发系列课程"掌握更多的智能体创建及应用技能。

图7-9　查看许多成长激励任务

人工智能通识与应用

知识链接

文心智能体平台是百度基于文心大模型推出的智能体开发与应用平台，旨在为企业、开发者及个人用户提供低门槛、高效率的智能体构建与应用能力。

文心智能体平台依托百度强大的 AI 技术积累与生态资源，具备以下核心优势与功能。

1. 零代码 / 低代码开发模式

（1）零代码。

通过自然语言交互快速生成智能体，支持一键配置数字形象、语音、开场白等，降低技术门槛。

（2）低代码。

提供可视化拖曳工具，支持自定义工作流、知识库接入及 API 调用，满足复杂业务需求。

2. 文心大模型 4.0 版本免费开放

开发者可免费使用文心大模型 4.0 版本，具有多模态生成、中文理解、逻辑推理等功能，显著提升智能体性能。

3. 全场景流量分发

智能体可接入百度搜索、文心一言 App、小度、地图等全矩阵生态，实现亿级流量曝光与商业闭环。

4. 丰富工具与插件生态

智能体支持接入百度官方及第三方工具（如思维导图、数据库查询、RAG 检索增强等），提高智能体功能扩展性。

任务二　用"做同款"的方法创建智能体

任务要求

在文心智能体平台中，通过"做同款"功能快速复制并发布一个现有的智能体。

（1）在智能体商店中找到目标智能体，使用"做同款"功能创建相似智能体。

（2）完成智能体的基本配置和保存。

（3）选择合适渠道发布创建的智能体。

任务实现

（1）进入"文心智能体平台"主页，单击"智能体商店"导航，在"发现智能体"选项卡最右侧，单击"做同款"按钮，如图 7-10 所示。

图 7-10　单击"做同款"按钮

（2）点击其中一个选项卡。例如，单击"AI 绘画"选项卡，单击其中一项的"做同款"按钮，如图 7-11 所示。

图 7-11　单击其中一项的"做同款"按钮

（3）单击"做同款"按钮，如图 7-12 所示。

图 7-12　单击"做同款"按钮

（4）在弹出的"复制智能体"对话框中，单击"确定"按钮，如图7-13所示。

图7-13　单击"确定"按钮

（5）智能体创建完成后，可以单击"保存"或"发布"按钮执行相应操作，如图7-14所示。

图7-14　智能体创建完成

（6）如果执行了"发布"操作，则供选择的授权发布的平台有"微信公众号－服务号"、"微信公众号－订阅号"或"微信小程序"，用户可以根据实际情况选择一种平台发布，如图7-15所示。

图7-15　用户可以根据实际情况选择一种平台发布

知识链接

智能体（Intelligent Agent）是 AI 领域的核心概念，指能够自主感知环境、分析信息、制定决策并执行行动的智能化实体。它可以是一个软件程序、机器人系统，或嵌入在设备中的智能模块。

使用"做同款"功能创建智能体的优势

1. 高效稳定，快速落地

（1）开发效率显著提升。

零代码 / 低代码：无须从零编写代码或训练模型，直接基于成熟模板修改，节省 90% 以上开发时间。

案例：若需要创建一个"旅游攻略智能体"，通过"做同款"功能复制已有模板，仅需要调整知识库（如景点信息）和插件（如地图 API），即可在 2 小时内上线。

（2）功能与稳定性有保障。

继承成熟逻辑：模板智能体已通过大量用户测试，对话流程、插件配置等可靠性高，减少漏洞风险。

（3）降低试错成本：尤其适合中小企业或个人开发者，避免因技术不足导致项目失败。

2. 生态资源一键复用

（1）插件与工具集成：模板自带的插件（如天气查询、电商接口）可直接使用，无须额外对接。

（2）知识库迁移：支持部分或全部导入知识库，快速填充行业数据，适合非技术用户。

（3）无门槛操作：通过可视化界面调整配置，无须 AI 或编程背景，降低技术壁垒。

使用"做同款"功能创建智能体的劣势

1. 功能与风格同质化

（1）模板依赖性强：若直接套用模板，则智能体可能缺乏独特性，难以在竞争中脱颖而出。

案例：若多个"儿童教育智能体"使用同一模板，则仅调整名称和颜色，用户易产生审美疲劳。

（2）逻辑修改有限：无法自由调整对话流程的核心代码（如条件分支、变量运算），仅能修改预设话术和插件。

（3）插件扩展性差：若需要接入非模板支持的插件（如私有数据库），则可能需要重新开发。

2. 品牌与数据隔离难题

（1）知识库混淆风险：若模板自带通用知识库（如常见问题），则可能与企业私有数据冲突，需要手动清理。

（2）品牌调性不匹配：若模板的预设话术（如语气、风格）与企业品牌不符，则需要进行大量人工修改。

（3）模板更新依赖：若模板升级（如插件更新），则需要手动同步修改，否则可能导致功能失效。

（4）数据迁移复杂：当企业数据量增长后，从模板迁移至自定义系统可能涉及数据格式转换和兼容性问题。

"做同款"功能的适用场景与推荐策略

"做同款"功能的适用场景与推荐策略见表 7-1。

表 7-1 "做同款"功能的适用场景与推荐策略

适用场景	推荐策略
快速原型验证	使用"做同款"功能快速上线，测试用户需求，验证商业模式后再投入深度开发
标准化服务	如客服、天气查询等通用场景，直接复用模板，节省成本
品牌差异化需求	避免直接套用模板，需要结合企业品牌风格、私有数据定制对话逻辑和知识库
复杂业务逻辑	建议基于模板框架，二次开发核心代码（如接入企业 ERP 系统），或转向全定制开发

智能体发布在公众号的用途及注意事项

1. 智能体发布在公众号的用途

（1）提升用户服务效率。

智能体可 24 小时自动回复用户消息，处理常见问题（如咨询、查询），减小人工客服的压力。

（2）个性化服务。

通过分析用户历史对话，提供定制化建议（如旅游攻略、学习计划）。

（3）增强用户互动与黏性。

趣味交互：设计游戏化问答、抽奖等互动功能，提升用户参与度。

内容推荐：根据用户兴趣推送相关文章、产品或活动，延长用户停留时间。

（4）实现商业变现。

广告与分成：接入联盟广告，用户点击广告后平台与开发者分成。

付费服务：提供付费咨询、会员订阅等增值服务（如法律咨询、课程辅导）。

商品转化：直接挂载商品链接，用户点击后跳转购买，开发者获得佣金。

（5）数据收集与优化。

用户行为分析：通过对话数据挖掘用户需求，优化产品或服务。

智能体迭代：根据用户反馈调整回复逻辑、知识库内容，提升体验。

2. 智能体发布在公众号的注意事项

（1）合规性要求。

内容合规的审核：确保智能体回复内容合法合规，避免敏感信息（如政治敏感信息、色情信息）。

隐私保护的审核：明确告知用户数据使用方式，提醒其遵守《中华人民共和国个人信息保护法》。

（2）技术稳定性。

注意响应速度的稳定性：优化智能体代码，确保15秒内回复，避免用户流失。

注意设置容错机制：设置兜底回复（如"系统繁忙，请稍后再试"），防止因异常导致服务中断。

（3）权限与授权管理。

公众号类型的认证权限：确保使用已认证的服务号或订阅号（部分功能需要认证）。

避免权限冲突：若公众号已绑定其他第三方平台，则需要解除冲突权限后再授权智能体。

任务三　快速创建智能体

任务要求

在文心智能体平台中，通过预设模板快速创建并自定义一个智能体。

（1）进入智能体创建界面，选择合适的预设模板。

（2）基于模板自动生成智能体基础配置。

（3）对生成的智能体进行个性化修改。

（4）完成智能体的创建和保存。

任务实现

（1）进入"文心智能体平台"主页，单击"创建智能体"按钮，如图7-16所示。

图7-16　单击"创建智能体"按钮

（2）如果在创建时，对智能体的建设思路不明确，那么可以在右上角选择一个有意向的选项，如图 7-17 所示。

图 7-17　在右上角选择一个有意向的选项

（3）例如，选择"旅行达人"选项后，会自动获得智能体的名称和设定描述的预设内容，可以根据自己的建设思路进行修改，最后单击"立即创建"按钮，如图 7-18 所示。

图 7-18　单击"立即创建"按钮

（4）等待 AI 生成智能体的内容，如图 7-19 所示。

图 7-19　等待 AI 生成智能体的内容

（5）成功生成智能体后，可以单击"保存"或"发布"按钮执行相应操作，如图7-20所示。

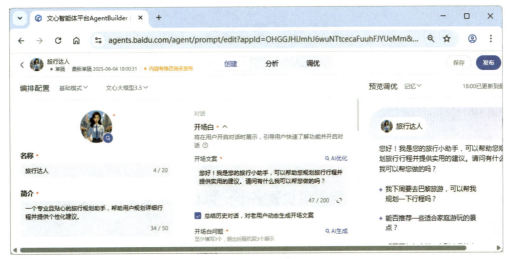

图 7-20　成功生成智能体

（6）保存智能体后，可以在"我的智能体"界面看到列表，并可以对智能体进行"编辑"，也可以执行"调优"命令，持续改进智能体的工作性能，如图7-21所示。

图 7-21　对智能体进行"编辑"或执行"调优"命令

知识链接

关于文心智能体的编辑与管理

1. 基础配置

（1）智能体名称。

设定智能体的名称，名称需要简洁明了，能反映智能体的主要功能或用途。

（2）智能体简介。

对智能体进行简要描述，让用户快速了解智能体的核心能力和应用场景。

（3）人物设定。

角色与目标：描绘智能体所扮演的角色、背景资料、人物特点及会执行的任务。

思考路径：定义智能体执行任务、完成工作的标准作业程序（Standard Operating Procedure，SOP），包括在用户提出不同需求时使用不同技能。

个性化：增加对智能体表达上的关键约束，如能说什么、不能说什么、说成什么样等。

2. 高级配置

（1）工作流。

构建智能体处理任务的逻辑流程，可设置多个步骤和判断条件，实现复杂的业务逻辑。

（2）知识库。

上传文档、视频等资料，扩展智能体的知识边界，使其能够回答更多专业问题，甚至学习特定的说话风格。

（3）能力插件和 API。

根据智能体的应用场景和需求，配置相应的功能插件和 API，增强智能体的服务性能。

3. 数字形象与声音配置

（1）数字形象。

为智能体选择或定制一个虚拟形象，使其在交互过程中更具可视化效果。

（2）声音配置。

设置智能体的语音风格、语速等，提升用户体验。

4. 测试与调优

（1）测试。

在配置过程中，可随时对智能体进行测试，输入模拟的用户需求，观察智能体的生成内容。

（2）调优。

根据测试结果，对智能体的人物设定、工作流、知识库等进行调整和优化，确保智能体的表现符合预期。

5. 发布与管理

（1）发布。

完成配置和调优后，设置智能体的发布状态（公开或私有），并填写相关发布信息。

（2）管理。

发布后，可在平台上对智能体进行编辑、删除、查看数据统计等管理操作。

可以创建什么样的智能体

AI技术高速发展，智能体的功能给人们带来了许多惊喜，创建智能体是否会成为热点，受网民欢迎，一时无法确定。但某些工作场景中的智能体确实受到了人们的重点关注，特别是客服智能体、教育辅导智能体、医疗健康智能体等得到了很大的应用。以客服智能体为例，其表现出许多独特的价值和优势。

1. 客服智能体的定义与核心价值

客服智能体是基于人工智能技术构建的自动化客户服务系统，旨在通过模拟人类客服的交互方式，为企业提供高效、低成本的客户支持服务。

客服智能体有降本增效、服务标准化、用户体验优化和数据驱动决策等价值。

（1）降本增效：替代人工客服处理高频、重复性问题，降低人力成本。

（2）服务标准化：通过知识库集成，确保回答的一致性和准确性。

（3）用户体验优化：7×24小时即时响应，提升客户满意度。

（4）数据驱动决策：通过用户行为分析，为企业产品优化提供依据。

2. 客服智能体在各种场景的应用优势

电商公司的客服智能体，可以处理用户凌晨的订单咨询，避免客户流失；也可以提供跨国客服，支持全球时区用户，打破语言和时差障碍，降低人工培训成本。

银行的客服智能体，可以根据用户输入的"贷款利率"，自动返回最新利率表及申请条件，实现服务标准化。

国际酒店的客服智能体，可以为不同国家的旅客提供多语言预订服务，打破语言壁垒，拓展海外市场。

未来，随着AI技术的发展，智能体将更加智能化、情感化，成为人类生活和工作的得力助手。

📖 项目总结

本项目通过平台功能探索、智能体复制和模板创建三个典型任务，帮助学生系统掌握文心智能体开发的核心技能链，重点包括平台功能架构认知、智能体商店运营分析、插件系统集成、知识库建设、"做同款"技术实现、模板化开发流程、发布渠道配置等关键技术。

通过本项目的学习，学生能够根据业务需求选择合适的智能体开发方式，完成从创建、配置到发布的全流程操作，并理解不同开发模式的优、缺点与适用场景，为后续复杂智能体开发奠定坚实基础。

📖 拓展任务

拓展任务 1：创建"黎锦工艺 AI 导师"智能体

应用文心智能体平台创建"黎锦工艺 AI 导师"智能体。

任务要求：

（1）知识库搭建。

搜索有关"黎族传统纺染织绣技艺"的非遗档案资料，上传至"我的知识库"。

（2）智能体名称为"黎锦工艺 AI 导师"。

拓展任务 2：创建"东坡文化 AI 助手"智能体

应用文心智能体平台创建"东坡文化 AI 助手"智能体。

任务要求：

（1）知识库搭建。

搜索"苏轼海南诗作全集"等资料，上传至"我的知识库"。

（2）智能体名称为"东坡文化 AI 助手"。

参考文献

［1］周苏，杨武剑. 人工智能通识教程：微课版［M］. 2 版. 北京：清华大学出版社，2024.

［2］魏砚雨，孙峰峰. AIGC 入门与应用标准教程：微课视频版［M］. 北京：清华大学出版社，2025.

［3］董占军. 人工智能设计概论［M］. 北京：清华大学出版社，2024.

［4］曾文权，王任之. 生成式人工智能素养［M］. 北京：清华大学出版社，2024.

［5］王东，马少平. 人工智能通识［M］. 北京：清华大学出版社，2025.

［6］黄河，吴淑英. 人工智能导论：微课视频版［M］. 北京：清华大学出版社，2024.